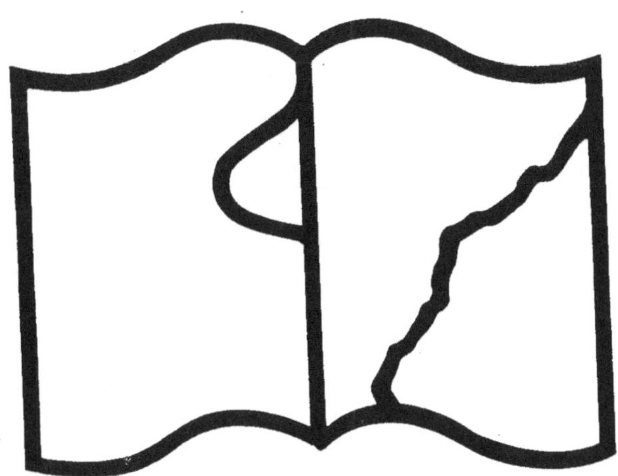

Texte détérioré — reliure défectueuse

NF Z 43-120-11

HENRI ARNAUD

SA VIE ET SES LETTRES

AVEC GRAVURES ET FAC-SIMILE

PAR

EM. COMBA, Professeur

LA TOUR

IMPRIMERIE ALPINA

1889.

HENRI ARNAUD

SA VIE ET SES LETTRES

AVEC GRAVURES ET FAC-SIMILE

PAR

EM. COMBA, Professeur

LA TOUR
IMPRIMERIE ALPINA
1889.

HENRI ARNAUD

I.

SA VIE.

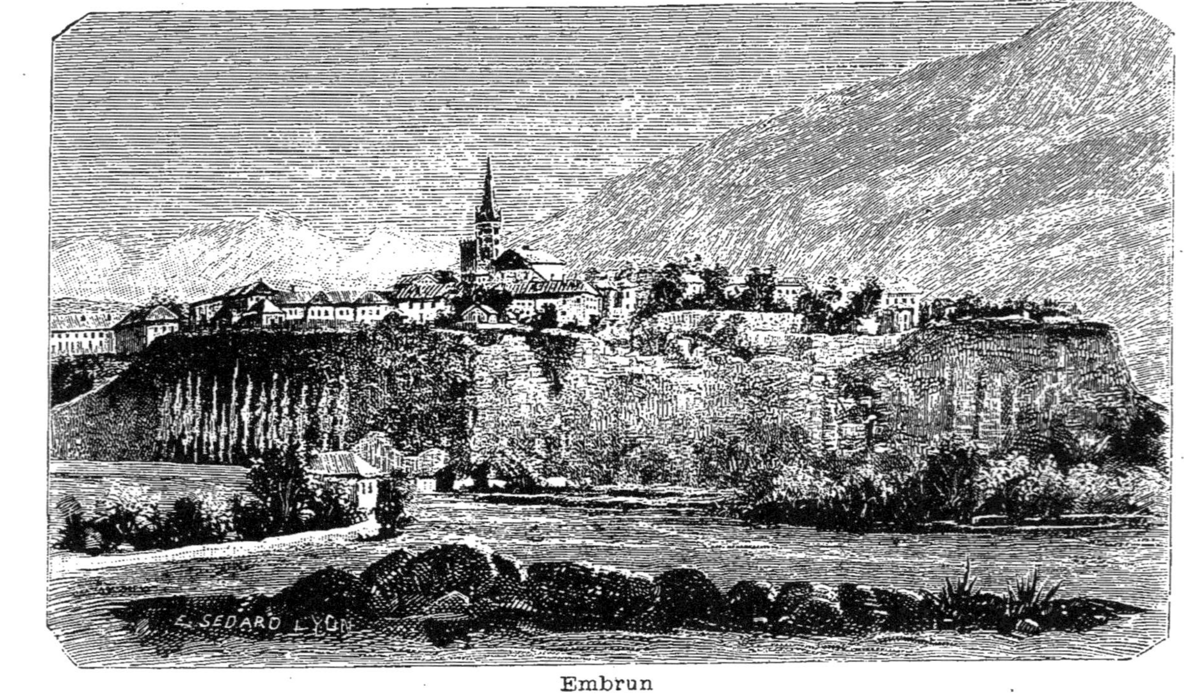

Embrun

HENRY ARNAUD

PASTEUR ET COLONEL DES VAUDOIS

(D'après un portrait appartenant à la famille Peyrot-Arnaud)

En livrant à la dernière heure cet essai au public,
je dois lui avouer la raison de ce retard. Empêché
d'y travailler à loisir avant les vacances, j'ai tenu
quand même à ne pas répéter ce que tout le monde
sait. J'ai consulté avec soin les meilleures sources,
dont plusieurs sont inédites et quelques-unes tout à
fait nouvelles. En voici, enfin, le premier jet, sous
forme de récit, que je dégage des notes détaillées
et trop fréquentes qu'il a occasionnées, afin qu'il
aille mieux son chemin. Quelques petites illustrations
feront mieux le compte de bien des lecteurs, que
des références marginales et des documents plus ou
moins secs, malgré leur importance. D'ailleurs, ceux
qui désirent en savoir plus long que ne le comporte
la nature toute locale de ce récit, pourront se dé-
dommager en prenant connaissance d'un livre italien

sorti de presse en même temps que celui-ci sous le titre suivant:

Enrico Arnaud pastore e duce dei Valdesi.

Il présente, en effet, une narration plus complète, hérissée de références, et suivie d'une Appendice contenant quelques notices bibliographiques et pièces justificatives, mais non les lettres inédites d'Arnaud qui font le prix spécial de notre édition française.

Sous les sapins, 10 août 1889.

E. C.

Malgré le concert de louanges qui s'élève de nos jours à sa mémoire, on pourrait méditer avec fruit ce mot du hollandais Martinet : « Henri Arnaud est moins connu qu'il ne mérite — *is minder bekend dan hij verdiende.*

D'une part, l'écho de ces louanges répète avec M. de Budé : « Arnaud est le héros le plus populaire de l'histoire des Vaudois » ; d'autre part, voici l'aveu que vient de faire le Dr. Lantarêt : « Il n'existe, à notre connaissance, aucune biographie un peu complète de Henri Arnaud », c'est-à-dire, en français et en anglais, ajoute-t-il ; pour les allemands la lacune est comblée.

Elle ne l'est donc pas encore pour le peuple des Vallées. Où lira-t-il la vie de son héros ?

Nous ne marchons pas trop vite, au moins, car il serait temps que le sculpteur en gravât les traits dans le marbre, et que sa mémoire inspirât un poème digne de lui, *aere perennius.*

C'est ce que pensait le bon Gilly.

Un jour, se trouvant à Bobi chez le pasteur, il parlait de la Glorieuse Rentrée. Tout-à-coup, en proie à une émotion vive, il s'écria : « Quel magnifique sujet de poème ! »

La statue serait plus tôt faite.

Un jour, je vis dans un atelier de Florence une statue de marbre de Carrare, resplendissante de vérité. Elle représentait un pasteur des Etats-Unis d'Amérique, nommé von Muhlenberg, un héros de la guerre de l'Indépendance. On m'apprit qu'un dimanche ce pasteur avait prêché sur le devoir de tout quitter pour sauver la patrie. Quand il eut fini son sermon, il dit à ses auditeurs : Maintenant, je vais donner l'exemple, et vous le suivrez, j'espère. En prononçant ces mots, il ouvrit sa robe et l'on vit briller son uniforme de capitaine. L'artiste, miss Nevin, saisit tout juste ce moment-là, et fut bien inspirée. La statue sortit de l'atelier et prit le chemin de Washington, où elle rappelle aux générations qui passent un pasteur qui

> Sentait, avec la foi, circuler dans ses veines
> L'amour de la patrie et de la liberté.

Voilà un idée pour le futur sculpteur du héros de la Rentrée.

En attendant que la statue se dresse et que le poète se lève, apprenons à le mieux connaître, et commençons par nous demander où il a vu le jour.

1.

L'enfance d'Henri.

On a mainte fois prétendu qu'Henri Arnaud naquit à Die ou non loin de là, dans le département de la Drôme, et il est possible qu'on le répète encore. Tel écrivain affirme, d'autre part, qu'il est né à la Tour. Mais il est maintenant prouvé que sa ville natale est Embrun, dans les Hautes-Alpes (1). Nous y trouvons ses aïeux établis dès les temps de la Réforme.

C'est de là qu'il sortit pour venir dans nos Vallées.

Embrun est bâti dans une situation pittoresque, au pied d'une montagne, sur un rocher communément appelé le Roc, qui domine la rive droite de la Durance. Entourée jadis de remparts, la ville a perdu son prestige militaire depuis que ses fortifications ont été abattues. Il en reste encore quelques traces que l'on aperçoit quand on arrive à Embrun par la voie ferrée. De la promenade du Roc, très-fréquentée pendant la belle saison, l'œil découvre un panorama des plus charmants. En dessous de l'escarpement,

---

(1) L'auteur ayant ici jeté par dessus bord toutes ses notes, tient à dire une fois pour toutes qu'il s'en rapporte à l'édition italienne pour l'explication et les preuves de ce qu'il affirme dans ce récit.

la plaine s'étend jusqu'à la Durance, et de l'autre côté du fleuve s'élèvent de hautes montagnes, verdoyantes en été, l'hiver couvertes du blanc tapis des neiges.

Cette gaie apparence fait un certain contraste avec sa sombre histoire.

On ne racontera pas ici ce qu'a été Embrun anciennement, lorsque les Romains lui décernaient les titres de cité alliée ou de métropole, et que le culte d'Apollon y était en honneur, ni même ce que ses habitants ont enduré de la part des Sarrasins et autres barbares, compris ses archevêques, dont les Vaudois surtout ont gardé un lugubre souvenir. Que de fois, sur le seuil de sa vieille cathédrale, ne les a-t-on pas vus faire pénitence avant de monter l'échafaud ou de s'en aller en exil! La vérité s'y maintint quand même, comme le feu sous la cendre, tellement que la Réforme réussit à s'y implanter.

Arnaud y naquit au sein d'une famille réformée, en 1641, le 30 septembre, dit-on, et fut sans doute baptisé par Jacques Bailli, pasteur à cette époque. Son arrière grand-père se nommait Jacques. Son aïeul, «noble Pierre Arnaud,» avocat, fut une fois élu consul de la ville. Il avait épousé «Catherine de l'Olivier, fille de noble François de l'Olivier, seigneur de Réotier, et de Marguerite Raymond,» dont il eut 2 fils et 6 filles. L'aîné, son héritier, avait nom Barthélemi. Il embrassa la carrière des armes, et on lit quelque part que, en 1625, il commandait «une compagnie de gens de pied pour le service de sa Majesté de France, laquelle se treuve à présent en Piedmont, sous le colonnelat du S.ʳ de S.t Georges.» Cette même année Barthélemi mourut, après avoir institué comme héritier universel son unique frère François, qui fut le père de notre Henri. Les noms des six sœurs, sont: Marguerite, Elisabeth ou Isabeau, Madeleine, Anne, Catherine et Marie.

Quelle profession embrassa François? Nous l'ignorons. On lit bien que, d'après le testament de son père, lorsqu'il était tout jeune, le frère aîné était tenu de lui payer les «despans, voire en collège, mesme s'il peult arriver qu'il soit gradué en la saincte théologie, jurisprudence ou médecine.» Mais c'est là tout. S'il n'étudia pas la théologie, il aima en tous cas son Eglise. Encore en 1653, il faisait don de 60 livres au consistoire d'Embrun.

François épousa Marguerite Gros, « issue d'une illustre et noble race qui, dans le temps, avait été domiciliée à Dronier, dans le marquisat de Saluces, » où nous savons, d'après Gilles, qu'il y avait eu une Eglise Réformée très-florissante, et que « on voyait au premier rang le sieur Vincent Gros, rare médecin, et son frère le sieur Jean Baptiste docteur ès droicts, qui entre tous les autres, avec un grand zèle et piété, ont employé un merveilleux labeur et assiduelle diligence, avec employ de leurs biens, pour obtenir que le pur service de Dieu fust establi en leur patrie. »

François et Marguerite eurent deux fils, nommés l'un Henri, l'autre Daniel, au sujet desquels on ne lit que ces mots singulièrement significatifs : « Sortis du Royaume pour fait de religion. »

2.

Le jeune Henri arrive aux Vallées.

Qu'avaient-ils fait, ces jeunes gens, pour devoir sortir du Royaume ? Un rien peut-être ; mais ce rien était un acte de conscience. Il suffisait, par exemple, pour échapper à la tolérance des lois, de ne pas saluer le viatique dans les rues, comme cela arriva plus tard à Elie Saurin, pasteur d'Embrun.

« Etant appelé à un convoi mortuaire, un jour de dimanche au matin, et marchant à la tête du convoi, suivant l'usage, un prêtre qui portait le Dieu de la messe à un malade, se trouva au bout d'une rue qui coupait celle par où le convoi allait. Il s'y trouva précisément au moment que la tête du convoi y arriva. Le prêtre cria plusieurs fois qu'on levât le chapeau. Tout le convoi le fit, à la réserve de M. Saurin. Il se fit incontinent un grand tumulte dans toute la ville ; ce qui n'empêcha pas que M. Saurin ne prêchât à l'heure ordinaire du matin. Mais l'après-midi, le tumulte croissant, il fut obligé de se retirer dans la maison de M.ᵐᵉ la marquise de Bonne, et la nuit les chefs de son Eglise, ne voyant aucun moyen d'assoupir cette affaire, l'obligèrent à partir pour sortir du royaume. »

Bien lui en prit, car savez-vous ce qui lui serait arrivé s'il n'avait pas pris la fuite ? Il aurait dû subir l'arrêt du Parlement de Grenoble, qui le condamna, le 4 août 1664, «à être livré entre les mains de l'exécuteur de justice, pour être par lui conduit en chemise et pieds nus, la hart au cou, portant un flambeau allumé du poids de deux livres, au devant de la grande porte de l'Eglise Métropolitaine d'Embrun, et là, déclarer que follement et témérairement il a passé devant le St Sacrement de l'autel sans lever son chapeau, qu'il s'en repent et demande pardon à Dieu, au roi et à la cour, et ensuite banni à perpétuité.»

Autant valait-il s'en aller en exil, sans chanter la palinodie.

C'est ce que pensèrent sans doute les frères Arnaud.

Mais allons doucement. Rien ne nous oblige à croire qu'ils aient dû prendre le chemin de l'exil le même jour. Suivons les pas d'Henri.

Il vint droit aux Vallées comme à sa mère-patrie. Il y rentrait plutôt qu'il n'y arrivait, car il y avait son cœur, et si bien que plus tard il les appellera «le pays de nos pères». La lumière, éteinte à Dronero, d'où la famille Gros s'était réfugiée vers les Alpes, y brillait encore, malgré les récents massacres de l'an 1655. Mais à quel prix! Henri le sut bientôt: mille bouches le lui racontèrent, surtout durant les veilles prolongées de l'hiver. Les tristes anecdotes ne tarissaient pas sur le sort des victimes que l'histoire n'avait pas encore illustrées. Ici, l'on rappelait l'héroïque mort du capitaine Jahier; là, on racontait les exploits de Janavel, à peine remis de sa blessure; ou bien, l'on s'entretenait avec une anxiété douloureuse sur les dangers qui menaçaient les jours du modérateur Jean Léger. Les nouvelles de Turin étaient alarmantes; la sentence était imminente. Enfin, elle arriva. Du reste, elle portait la mort et la confiscation des biens, comme à l'ordinaire. On épiait ses pas, et, parfois il avait failli tomber dans les pièges de l'ennemi. Un jour c'était en septembre 1661, à la sortie du synode, «je croyois, dit-il, pouvoir aller donner une visite à ma famille, m'imaginant que comme la nuict estoit fort obscure, l'ennemi n'en pourroit pas si tôt avoir des nouvelles; mais je ne fus pas plutôt assis à table, qu'au moyen d'une échelle qu'on avoit dressée à l'endroit du seillier de ma cuisine, on me lâcha un coup de fusil par le trou de l'aiquier, qui me passa justement entre les genous, et ne perça que mes haut de chausses. Or comme l'on savoit bien qu'à l'ouye de ce coup mes gens ne manqueroyent pas de se mettre en campagne, les entrepreneurs n'avoient pas aussi manqué de flanquer force monde aux avenues des postes de ma basse cour, et l'on ne les découvroit que par le feu que faisoient leurs coups de fusil; cependant il n'y eut que le sieur Jean Imbert légèrement blessé à une main, et le sieur Paul Alieta qui eût son chapeau percé, et une oreille seulement un peu effleurée, et un chien de tué, qui demeura sur la place: car deux de ces voleurs qui furent pareillement tués, furent emportés par la cavallerie. Pour

Jean Léger.

moy, je vis beaucoup de sang dans l'Autin tout proche de ma maison, et la piste de quantité de chevaux et de gens de pied, et rien de plus, car l'allarme se donna si chaude, et tout le monde accourut à mon secours avec tant de vitesse, que cette troupe meurtrière se vit contrainte de se sauver plus vite que de pas. »

A l'ouïe de ces récits, qui ne se représente les sentiments que devait éprouver le jeune et bouillant Henri? Une voix intérieure le sollicitait à se vouer au salut de ses frères.

3.

Henri étudiant.

Il y avait, à la Tour, une modeste école, où les futurs ministres de l'Eglise commençaient leur latin. De là son vieux nom d'Ecole-Latine. Henri la fréquenta, car, lisons-nous, « il y fut élevé en sa première jeunesse afin d'apprendre les premiers éléments des sciences.» Pendant ce temps, le modérateur Léger, profitant de la bienveillance des Cantons Evangéliques, obtint quelques bourses pour les futurs ministres de l'Eglise Vaudoise. Arnaud fut désigné pour celle de Bâle. Il fréquenta d'abord, dans cette ville, le collége d'Erasme, afin d'y achever ses études préparatoires de lettres et de philosophie. On l'y trouve inscrit dès l'an 1662. Sur ces entrefaites, Jean Léger, forcé de se réfugier en exil, venait d'arriver à Genève, où il rencontra sans doute son ami Turrettini, et la Conférence Evangélique convoquée à Bâle, en juillet 1662, lui votait une pension. Le jeune Arnaud partagea, en quelque mesure, la faveur publique accordée aux Vaudois. Ayant quitté son pays et ses biens, il était pauvre. On le dispensa de payer ses cours. Enfin, le voilà sur le seuil de l'Université. Décidé à devenir pasteur, il fut admis à la Faculté de Théologie le 18 août 1664. C'est tout juste alors que le célèbre hébraisant, Jean Buxtorf, terminait sa carrière. Henri suivit les leçons de son successeur, le pieux Lucas Gernler ; en outre, celles de Jean Zwinger, qui enseignait les « lieux communs, » savoir la dogmatique, et une polémique si brillante, qu'on l'avait surnommé «le fléau de la gent catholique.» Il entendit aussi le docte Wettstein, qui expliquait le N. T. et les Pères ; enfin, Simon Battier et J. F. Burcard, maîtres de rhétorique et d'éloquence.

Le séjour de notre étudiant, à Bâle, toucha bientôt à son terme, quand il venait de commencer sa théologie. De là, il passa en Hollande. Ce point paraît obscur. Tel écrivain le discute longuement et finit par le mettre en doute ! MM. Lantarêt et Appia, se laissant gagner par lui, se refusent à admettre la possibilité d'un séjour quelque peu prolongé de l'étudiant Arnaud en Hollande, et croient reconnaître dans telle parole de lui un argument «sans réplique ». Nous opposons aux raisonnements de ces messieurs un témoignage irréfragable : celui des pasteurs vaudois, collègues d'Arnaud, qui disent dans leur certificat rendu l'an 1698 : « De là, savoir de Bâle, il fut élevé en Hollande, et ensuite il revint à l'école supérieure de Genève pour achever ses études. »

Arnaud passa donc en Hollande, et, apparemment, ce séjour interrompit ses études de théologie. Qu'y fit-il, le soldat peut-être ? Serait-ce possible qu'il devînt capitaine, en peu de temps, sous le prince d'Orange, quand le prince avait quinze ans ? Alors, comment nous expliquons-nous qu'il dise, plus tard, qu'il n'était pas « consommé dans les armes », et qu'il n'avait « jamais fait la guerre qu'à Satan ? » Et sa vocation au ministère de la Parole, à quoi se réduisait-elle ?

Que de questions superflues ! Tout cela, parce qu'il a plu à un auteur anglais de prétendre que notre Henri « entra au service de Guillaume d'Orange, où il obtint le grade de capitaine, ainsi que d'autres faveurs ». Avant d'y croire, j'attends les preuves. Après cela, ne nous hâtons pas de signaler des impossibilités, où il n'y en a pas. Les difficultés qu'on oppose relativement au grade de capitaine, si tôt atteint, diminuent si l'on n'oublie pas qu'Henri appartient à la noblesse. D'ailleurs, s'agit-il d'un capitaine s'en allant en guerre ? Point. Et ne pouvait-on pas devenir capitaine sans être « consommé dans les armes ? » D'autre part, que l'on songe à ses aptitudes militaires ultérieures, qui supposent un « tirocinio ». Après cela, si notre étudiant fut attaché à la maison du prince, ou si, par quelque circonstance ménagée par Léger, alors en exil, ou par tel ami des Vaudois, il eut la chance d'entrer dans ses bonnes grâces, « les faveurs » seront bientôt expliquées. Enfin, sa vocation, dites-vous. Eh bien, nous fait-il l'effet d'y renoncer tout à fait ? Non, il ne fit peut-être que prendre du temps, pour y réfléchir en dehors de l'école, où il pourrait bien avoir eu ses déboires. A 23 ans, avec un peu de sang de son oncle dans les veines, il aurait pu s'écarter davantage du droit chemin, si tant est qu'il s'en soit écarté ; ce que je me refuse à admettre. Il faut distinguer entre le droit chemin et la filière théologique. Ce qu'il y a de clair en ce moment-ci, c'est que, pendant qu'Henri s'agite, Dieu le mène.

Quoi qu'il en soit, nous savons qu'à son retour de Hollande, il acheva à Genève les études de théologie qu'il avait commencées à Bâle.

Genève l'attirait. On y parlait sa langue maternelle; il y avait des amis excellents, au nombre desquels était le bon François Turrettini, « boursier des Vaudois », émule de Léger dans la campagne des collectes. Mais surtout, il y avait l'Académie, dont l'éclat s'était maintenu. Elle avait, parmi ses théologiens, de gros bonnets qui éclipsaient ceux de Bâle, sinon par leur savoir, du moins par leur renommée. Ardents à l'étude, bûcheurs infatigables, leur lampe s'allumait, en hiver, à 4 heures du matin; le soir, elle ne s'éteignait pas de bonne heure. Les étudiants ne goûtaient pas tous ces excès de labeur. « Votre fils est un étudiant médiocre », écrivait un professeur de l'Académie au père d'un élève; « je n'ai jamais pu obtenir de lui plus de 13 heures de travail par jour. Son exemple est malheureusement suivi. Les jeunes gens ne veulent pas comprendre que pour devenir des savants utiles, il faut que leur lampe s'allume avant celle de l'artisan ! » N'en déplaise à ce rude Mentor, nous inclinons à croire que l'élève avait son grain de raison, ainsi que la volée de ses camarades. Ils voulaient bien s'instruire mais non pas s'abrutir. Henri goûta, à n'en pas douter, leur sagesse pratique. Il se fit inscrire à la Faculté de Théologie le 16 février 1666. On sait que l'inscription n'était pas alors une formalité toute pure. D'ailleurs, notre étudiant était assez consciencieux pour ne pas rémunérer par une exemplaire assiduité ceux qui ne se lassaient pas de lui faire « ressentir les bienheureux effets de leur bénéficence chrétienne ». Mais il savait aussi être sociable. Il éteignait sa lampe à point, visitait les amis, sans dédaigner ses maîtres. Il n'y perdait rien, au moins, car si nous en croyons le critique le plus expert de cette époque, Turrettini était un homme « de grande lecture, entendant très-bien la positive et la polémique »; Mestrezat, « un des plus subtils et déliés esprits »; Burlamacchi, « une bibliothèque vivante »; Tronchin, avec son « jugement très-profond », les surpassait tous, tellement qu'il était reconnu comme « le plus pénétrant et le plus judicieux théologien de la communion. » On devinera bien que notre étudiant dût avoir une préférence marquée pour le jeune ménage

de son maître de « positive » et de « polémique », indépendam-
ment de ces deux sciences. Turrettini n'était plus jeune — il
avait joliment dépassé la quarantaine —, mais il venait de se
marier. Son épouse était une provençale, nièce d'un gentilhomme
de la cour du prince d'Orange. Là, on ne parlait pas seulement
le bon français, on se sentait en famille, et l'on y apprenait,
tantôt les nouvelles de Jean Léger, toujours en exil, tantôt celles des frères des Vallées du Piémont; quelquefois on s'entretenait du Prince d'Orange, qui, tout jeune qu'il était, commençait
à faire concevoir aux amis de l'Evangile, et surtout au Vaudois
persécutés, quelques douces espérances.

4.

Le grand exil.

En 1670, deux candidats au St. Ministère se présentaient au
Synode des Vallées: l'un d'eux était Henri Arnaud. On lui assi-
gna la paroisse de Maneille-Massel, avec un honoraire qui ne
s'élevait pas au delà de cent écus. Il eut alors l'occasion de
connaître la Balsille, où nous le reverrons plus tard. Après avoir
successivement occupé quelques unes des « principales paroisses
des trois Vallées », il se fixa à la Tour, avec sa famille. Sa
femme, qui avait nom Marguerite Bastie, lui donna « six enfants,
savoir quatre garçons et deux filles », tous en vie l'an 1698.
Cependant le nom d'un de ces garçons, mort probablement en bas
âge, nous échappe. Voici les noms des autres enfants: Scipion,
Marguerite, Jean Vincent, Elisabeth e Guillaume. Ce dernier
était le sixième, « le plus réveillé de tous », disait son père.
Mais la famille du pasteur Arnaud n'était pas encore toute for-
mée, que déjà il lui fallait reprendre le chemin de l'exil. Cette
fois, il fut suivi de tout un peuple.

On sait à qui revient principalement la responsabilité du crime
qui a consisté à chasser nos pères en exil. Louis XIV, séduit
par son entourage, l'imposa au prince Victor Amédée, Duc de
Savoie. Celui-ci, âgé de vingt ans seulement, déjà mari de la
nièce du Roi, mal conseillé, sans le souci des droits de la cons-

cience, faible comme le roseau, se plia aux volontés du monarque et lâcha le cruel édit du 31 janvier 1686, que l'on pourrait résumer ainsi: abolition du culte vaudois, l'exil ou la mort pour les uns, la messe ou la galère pour les autres, les enfants exceptés, parce qu'on se réservait de les voler. Un cri d'alarme, le plus douloureux peut-être qui ait résonné dans nos Vallées, répondit à cet édit, et l'écho s'en répandit par toute l'Europe. Plus d'un prince adressa au Duc ses remontrances, à commencer par Guillaume d'Orange; mais en vain. Les Cantons Evangéliques de la Suisse intervinrent par le moyen d'une députation composée de MM. de Muralt. Hélas! ils comprirent bien vite que le Duc n'était que trop lié, et que, pour échapper à l'apostasie, il ne restait aux Vaudois que le choix entre l'exil volontaire et une résistance désespérée. Ils vinrent aux Vallées pour s'aboucher avec les principaux d'entre eux, et une solennelle réunion eut lieu au temple du Ciabas. Arnaud était présent. Ayant fait la prière, il céda la parole aux députés. Ceux-ci exposèrent l'état de la question, si brûlante, et conclurent en conjurant les Vaudois d'accepter l'exil. Plusieurs goûtèrent leur avis, qui n'était certes pas insensé. Mais le plus grand nombre était du côté d'Arnaud. Or Arnaud voulait la résistance. Les députés s'en retournèrent à Turin. Deux fois les délégués des Vallées se réunirent encore à Rocheplate, pour conférer. Le parti d'Arnaud finit par gagner tous les suffrages, et l'on n'a pas oublié la prière qu'il prononça à cette occasion, le jour du Vendredi Saint. « Seigneur Jésus, disait-il, toi qui es mort pour nous, accorde-nous la grâce de pouvoir sacrifier notre vie pour toi... Que chacun de nous s'écrie: Je puis tout par Christ qui me fortifie ».

Trois jours après, le lundi de Pâque au matin, les hostilités commencèrent. D'un côté la cavalerie française se rua dans la vallée de Pérouse, où Arnaud, à la tête d'un gros peloton, fit passer au colonel de Villevieille un assez mauvais quart d'heure, au temple de S. Germain; de l'autre, les milices du Duc de Savoie gagnèrent le vallon d'Angrogne, où elles subirent d'abord un échec. Mais ensuite, quand celles de France furent survenues, il fallut mettre bas les armes. Il fallut, disons-nous avec tout le monde; selon Arnaud, il ne fallait pas. Il fut courroucé et l'on peut croire qu'il tança rudement ses frères si l'on en juge d'après ce qu'il en dit dans son histoire. Cependant, étant resté presque seul de son avis, et apprenant que le Duc avait mis sa

Temple du Ciabas.

tête au prix de cent pistoles d'or, il regagna la Suisse où il avait été peu de jours avant, en quête de secours. On a prétendu que, pour ne pas tomber dans les piéges de la police, il se déguisa, cette fois, en pélerin.

Le sort des Vaudois, qui venaient de se rendre à discrétion
avec neuf de leurs pasteurs, fut plus dur qu'on ne saurait le
dire. On les enferma dans 13 ou 14 prisons de l'Etat. La plupart
n'en devaient plus sortir. Le général Catinat le prévoyait bien
lorsque, surveillant les opérations militaires, il écrivait le 29
juin 1686 au ministre De Louvois qui lui demandait des nouvelles des habitants des Vallées: « Monsieur le Duc de Savoye a
près de dix mil asmes de ces peuples entre ses mains, qui sont
distribués dans toutes les villes du Piedmont, où ils sont gardés
tres soigneusement; il leur fait donner le pain, mais avec l'éco-
nomie de n'en donner qu'à proportion de l'âge des personnes;
je luy demanday s'il avait pris quelque résolution sur ce qu'il
voullait faire de ces misérables, il me dit que non, et qu'il en
estait bien embarassé, ne comprenant pas qu'il y eust de seu-
reté de les mettre dans d'autres endroits de ses Estats, quand
mesmes ils offriraient de se convertir. Les Vénitiens luy ont fait
parler, comme je crois, par l'abbé Grimany, pour en avoir des
hommes mesmes à prix d'argent; ce qu'il n'a point voulu, parce
qu'ils les auraient mis à leurs chiourmes, ce qu'il croit contraire
à la parolle qu'il a donnée qu'il ne ferait souffrir aucune peine
corporelle à ceux qui se remettraient à sa discrétion. Il m'a
paru fort sensible à l'obbligation de leur tenir fidellement cette
promesse. Je crois que si l'on luy faisait quelque proposition de
prendre ce peuple pour l'establir dans des pays esloignés du sien,
qu'il l'accepterait, et mesme avec plaisir, n'estant, selon que
j'eu ai pu voir, dans auçun dessein de les dissiper, n'y de les
establir dans ses Estats. La maladie et l'infection s'est mise dans
ce malheureux peuple presque dans tous les endroits où l'on les
a mis; la moitié en périra cet esté; ils sont dans un climat tout
oposé à celuy qu'ils habitaient, quoiqu'il en soit peu éloigné; ils
sont mal couchés, mal nourris, et les uns sur les autres, et celui
qui se porte bien ne peut respirer qu'un air empesté; par dessus
tous ces maux, la tristesse et la mélancholie, causée avec justice par la perte de leurs biens, par une captivité dont ils ne
voyent point la fin, la perte ou au moins la séparation de leurs
femmes et de leurs enfants qu'ils ne voyent [plus et qu'ils ne
sçavent ce qu'ils sont devenus; beaucoup, dans cet estat, tien-

nent des discours séditieux qui consolent de leurs malheurs et de leurs misères ».

S'ils ne savaient pas ce que leurs enfants étaient devenus, en un sens, n'était-ce pas mieux pour eux? On les avait dispersés dans les maisons de l'aristocratie bigotte, et si diligemment, que le zèle devint à la mode. Chaque vieille dame voulut avoir son petit converti à montrer. Les députés suisses, écrivaient de Turin, aussi indignés qu'ébahis: « On voit rarement passer un carrosse qui n'ait son Barbet derrière lui; il y en a même quelquefois jusqu'à deux, distingués par leur bonnet à la dragonne ». La mode passa, et il ne fut pas grand le nombre de ces pauvres enfants qui revirent leurs mères.

On conçoit que, sachant tout cela, plusieurs de nos montagnards qui ne s'étaient pas rendus, se défiassent de la « discrétion » de leur Prince, préférant le voisinage des chamois à celui de la police et des curés. Aussi, ils étaient des rebelles, disait-on; il s'agissait de les chasser. « On traquera les bois comme font les paysans à la chasse du loup », écrivait de Briançon le Comte de Tessé. Affamés, abattus d'inanition, quelques-uns se laissèrent arrêter. Les plus fortunés se défendirent vigoureusement. On les appelait des brigands. En tout cas, ils étaient des hérétiques, et il fallait en finir avec cette vieille engeance, et « nettoyer », « purger » les Vallées, comme on disait encore. Cependant, on avait beau faire, il en échappait toujours, même après que Catinat, un peu fatigué peut-être, avait écrit: « Ce pays est parfaitement désolé, il n'y a plus du tout ny peuple ny bestiaux, n'y ayant point de montagnes ou l'on n'ait esté, et j'y envoie encores tous les jours; les troupes ont eu de la peine par l'apreté du païs, mais le soldat en a esté bien récompensé par le butin ».

Enfin, comme le Duc ne savait que faire de ses prisonniers, et qu'il ne voulait pas absolument s'en défaire, ni les vendre pour les galères, bien qu'il en eût cédé déjà 500 au roi de France, et craignant pour la paix de ses Etats s'il les y tolérait, se décida, sur les instances de nos amis de la Suisse, à les relâcher en majeure partie, mais au cœur de l'hiver. Vous avez lu, n'est-ce pas, le récit de l'exode de nos aïeux? Qu'il fut triste! Ces ombres errantes, qui sortent des prisons, où vont-elles? Elles sortent du pays de servitude, on le voit bien; mais où est, pour elles, la terre promise? Elles n'en ont point. D'ailleurs, qu'en feraient-elles sans leurs enfants, leur seule espérance? L'exode fut triste; mais il fut grand, car, comme le dit si honnêtement l'historien Michelet « la fuite du protestant est chose volontaire; c'est un acte de loyauté et de sincérité, c'est l'horreur du mensonge, c'est le respect de la parole. Il est glorieux pour la nature humaine qu'un si grand nombre d'hommes aient, pour ne pas mentir, tout sacrifié. On a vu là des sectaires obstinés; j'y vois des gens d'honneur. La stoïque devise que les libres penseurs ont popularisée, c'est justement le fait de l'émigration protestante, bravant la mort et les galères pour rester digne et véridique: *vitam impendere vero* ».

5.

Sur la terre étrangère.

Sur 20 mille âmes qui, au printemps de l'an 1686 peuplaient les Vallées, trois à quatre mille seulement finirent par gagner les frontières de la Suisse, qui les reçut en mère. La faim, le froid, mille maux les hantaient, mais Genève ne consultant que son cœur, sortit au devant d'eux et nos gens n'auraient pas deviné, à son empressement, que ses murs étaient déjà pleins de réfugiés huguenots. « Les Genevois, dit une ancienne relation, s'entrebattaient à qui emmènerait chez soi les plus misérables; plusieurs même les portèrent entre leurs bras depuis la frontière des deux Etats. » Leur zèle fut tel, que la police dut le modérer, en ordonnant de ne plus sortir à la rencontre des nouvelles bandes dont on annonçait l'arrivée, mais de les attendre, et de n'en pas recevoir au delà du nécessaire. « Les murailles de leurs appartements semblaient se reculer à volonté », comme avait dit un exilé, peu de temps auparavant. Le Roi-Soleil en fut offusqué, et il ne manqua pas de faire avertir la ville de ne point se mêler « de fournir argent, conseil ou assistance à ceux des Vallées de quelque manière que ce fut, autrement que Sa Majesté en aurait conçu de l'indignation. » Mais la charité est ingénieuse.

On l'exérça d'autant plus, qu'on en eût moins l'air. Bref, Genève s'attira les bénédictions du monde entier, tellement que l'éminent historien que l'on vient de citer, va jusqu'à dire que « l'exemple que la petite Genève donna alors est le plus grand que l'on puisse trouver dans l'histoire de la fraternité humaine. »

Cependant, Genève ne pouvait longtemps retenir nos gens, d'ailleurs engagés à ne plus s'arrêter en pays de frontière. On les interna donc dans la Suisse. Alors vint le tour des autres Cantons Evangéliques. Ils rivalisèrent de générosité, surtout ceux de Berne et de Zurich. Berne, par exemple, dont le gouvernement s'étendait alors sur le Canton de Vaud, avait pris dès avant leur arrivée les mesures que voici :

1. Chaque réfugié recevra des Baillis 6 à 8 kreutzer par jour, plus du pain, lequel sera livré par les greniers publics à 2 kreutzer la livre. Ce pain sera composé 2|3 de froment et 1|3 d'orge, comme celui qui est destiné aux militaires.

2. Les réfugiés seront logés chez les paysans.

3. Pour les vêtir, on emploiera 5 mille aunes de toile pour chemises ; on achètera autant de drap de laine qu'il pourra s'en trouver, ainsi que quelques centaines de chaussures en crin.

4. Les vieillards et les malades seront voiturés par les gens de la campagne.

5. Dans l'intérêt des Vaudois et dans celui des habitants, ils voyageront par détachements, qui suivront différentes routes, mais autant que possible par eau.

Après avoir reconnu les bons offices de nos voisins, on nous permettra de croire que le brave Janavel, qui était à Genève, et Arnaud qui avait précédé ses frères sur le sol étranger, furent aussi pour quelque chose dans la sollicitation et l'organisation de la charité publique. Les familles des neuf pasteurs prisonniers — car ceux-ci ne furent pas relâchés, non plus que ceux d'entre les Vaudois qui avaient été arrêtés les armes à la main — trouvèrent un gîte assuré par les villes de Berne et de Zurich. Il s'agissait d'environ 45 personnes. Celle d'Arnaud se fixa, pour lors, à Neuchâtel. Quant à lui, étant le pasteur de l'Israël dispersé, et sa présence étant souvent réclamée dans l'intérêt de ses frères, on pense bien qu'il dut faire vie itinérante.

Il avait un gros souci, celui de leur avenir, et il se disait: Ils sont convaincus maintenant que mieux vaut mourir pour la patrie, que de pactiser avec l'ennemi; leurs biens, leurs enfants, le mal du pays, vont les faire languir ici, et quand ils s'apercevront que leur présence cause de la gêne, ils verront alors qu'il faut se décider, ou à rentrer dans les Vallées, ou à s'en éloigner à jamais et à vivre dispersés et malheureux. Arnaud, l'homme de la résistance à tout prix, était pour la rentrée. Janavel, de même, seulement il voulait que l'on attendît l'heure propice. Bientôt, la plupart des Vaudois furent de leur avis, et on ne le sut que trop, même au loin. Un jour, un espion du Duc de Savoie, s'approchant de quelques-uns d'entre eux, leur présenta du tabac et commença à causer.

— Eh bien, on dit que vous partez pour le Palatinat. A votre place, j'irais en Brandebourg.

— Trop loin. Nous cherchons un pays où l'on puisse gagner son pain, en attendant, mais nous espérons encore mourir dans notre pays. D'ailleurs, notre Prince ne nous a pas rendu nos enfants.

— Est-il méchant, votre Prince!

— Non, il est un bon Prince; mais il est mal conseillé, c'est là ce qui lui fait du tort.

La conversation dura quelque temps. L'espion se hâta de faire son rapport. Ces gens-là, dit-il, sont déterminés à rentrer tôt ou tard dans leur patrie, « car ils aimeraient mieux être mis en quatre quartiers dans leur pays que de bien vivre ailleurs. »

En attendant l'hospitalité devenait lourde pour tous, Suisses et Vaudois. Ceux-ci, impatientés, tentèrent dès le premier été leur retour à main armée. C'était donc en 1687. Mais ils s'étaient si mal concertés d'avance, que Janavel et Arnaud n'en étaient pas. Ils purent remercier de bon cœur le Bailli de Lausanne qui les empêcha de s'embarquer. Nous apprenons, à cette occasion, que Janavel, un peu compromis par des Vaudois qui allaient s'aboucher avec lui, fut invité par la police genevoise à quitter la ville. Il obéit de si bonne grâce, qu'un mois après il était déjà de retour. En attendant, il avait du s'engager à se retirer plus avant dans la Suisse et « s'y tenir coy et caché afin d'éviter l'abord de ses compatriotes ». C'est avec lui, à n'en pas douter, qu'Arnaud se concerta pour la campagne de la rentrée. Il s'agissait d'enrôler les soldats, de pourvoir aux munitions et d'avoir un plan défini. Le plan fut l'affaire de Janavel, et l'on connaît les *instructions* qu'il fit mettre par écrit pour la circonstance. Quant aux munitions, il fallait avoir la protection de quelque puissance, et à qui s'adresser sinon au Prince d'Orange? Il s'était déjà intéressé aux Vaudois, et Arnaud le connaissait. Sa politique, vis-à-vis de Louis XIV et de la France envahissante, était essentiellement protestante et juste; on le considérait déjà comme l'homme prédestiné à liguer les peuples, pour le salut commun, contre cette nation cruelle et tracassière, qui, après avoir chassé ses propres enfants huguenots, menaçait la paix de l'Europe. On l'espérait d'autant plus qu'il allait être appelé à ceindre la couronne britannique. Arnaud réussit à le gagner entièrement à la cause de nos exilés. De grandes collectes vinrent de Hollande, et c'est grâce à elles surtout que les Vaudois furent retenus en Suisse. Le second été approchait; Arnaud pensa que l'heure de la rentrée allait sonner. A la tête de quelques centaines de ses frères, il partit. Mais, arrivé à Bex, le 23 juin 1688, il apprit que l'ennemi, ayant eu vent de l'entreprise, veillait à la frontière et que le pont de S. Maurice, par où il comptait passer, était fortement occupé. Quand même, nos gens auraient sans doute tenté le sort et couru à une ruine certaine. Mais le Bailli d'Aigle eut le mérite d'empêcher cette seconde expédition. Il avait nom Thormann, et de ce jour là, Arnaud le considéra comme un ami. En attendant, il fallut revenir sur ses pas, s'expliquer, conjurer les nouvelles difficultés croissantes après une tentative deux fois avortée; bref, Arnaud s'en alla référer le tout au Prince d'Orange. Il était accompagné, cette fois, par le capitaine Baptiste Besson de S. Jean. Le Prince reçut nos délégués avec bonté; il les encouragea à persévérer, mais avec redoublement de prudence, et leur promit son secours. Il prévoyait l'approche de l'occasion favorable. En effet, la guerre allait éclater sur le Rhin, et le Prince d'Orange devenait roi d'Angleterre. En protégeant la rentrée des Vaudois, n'accomplissait-il pas une œuvre de foi et de bonne politique? Afin d'en surveiller sûrement la préparation, il envoya un agent, qu'il ne

Guillaume III d'Orange, roi d'Angleterre.

chargea pas seulement de la distribution des nouvelles collectes. Gabriel de Convenant fit préparer des armes, des munitions, des vivres, des uniformes, et solda les gens qu'Arnaud enrôlait, au risque de sa vie.

— Au risque de sa vie, dites-vous! Mais Arnaud était encore en Suisse.

— Vrai, mais il y courut peut-être plus de risque qu'à Salbertrand et à la Balsille. Voici pourquoi.

On l'a dit: sa tête avait été mise au prix de cent pistoles d'or, et l'on pense bien que Victor Amédée, qui venait de défendre la rentrée aux exilés des Vallées, sous peine de mort, n'était pas d'humeur à épargner leur chef. Il ne se borna donc pas à le faire guetter sur la frontière. Il salariait, on l'a vu, des espions, voire des braves, à l'occasion, s'il s'agissait de faire, comme il disait plus tard, « un buon colpo. » Venons aux faits.

Il y avait alors à Lucerne un Comte piémontais, nommé Solaro di Govone, en qualité de Résident, soit d'ambassadeur, du Duc de Savoie. Ayant observé qu'Arnaud courait d'un Canton à l'autre de la Suisse pour l'enrôlement de la rentrée, il lui vint une idée. Je le ferai enlever, se dit-il, « en un lieu sûr où il cessera de s'agiter et d'agiter les autres ». L'idée lui parut lumineuse; quand même, il y fallait le *placet* du Prince. Il l'eut bientôt. Aussitôt, lisons-nous, Solaro tendit ses filets et posta partout où allait Arnaud des agents chargés de le suivre à la piste. Parmi ces espions figurait Rodolphe de Salis, vicaire épiscopal de Coire, qui dans un de ses rapports donne le signalement suivant et jusqu'ici inédit, du gibier qu'on chassait. « Le ministre Arnaud est de taille moyenne, longs cheveux châtains, visage maigre, teint coloré, (1) il change souvent de vêtements et les porte de couleurs variées. Il s'était excusé auprès des prédicants de ne pouvoir être vêtu de noir à cause des pièges qui lui étaient tendus par les Ministres de S. A. Royale; c'est aussi par cette raison qu'il a dû quitter le pays des Suisses et se réfugier ici. Il n'a pas de monture à lui, mais se sert de chevaux de voi-

____

(1) Ces « connotati » furent livrés quelques jours avant la Rentrée. Il faut s'en souvenir, en regardant le portrait qui nous représente Arnaud septuagénaire avec sa magnifique perruque. Ce n'est pas là l'Arnaud de la Rentrée, mais celui du pasteur de Dürrmenz, et encore endimanché. Notre portrait nous paraît répondre passablement bien à la description ci-dessus.

ture ». Les autorités locales prêtaient la main aux agents du Duc ; tout cela n'est certes pas joli, mais c'est de l'histoire. Hâtons-nous d'ajouter qu'il s'agit d'autorités catholiques. Le Bailli Caster s'offrit pour arrêter le malheureux qui allait et venait continuellement entre les Grisons et la Suisse ; il proposa d'aller en personne à Coire, pour prendre des informations, et empocha dix doublons pour frais de voyage. Il s'agissait de gagner à cette belle entreprise le gouverneur de Constance, où Arnaud allait souvent. Le gouverneur, qui était gentilhomme, faisait des difficultés, mais il céda, paraît-il, à la sollicitation de l'Electeur de Bavière. Vous voyez que de grands personnages coalisés pour un mauvais coup ! On promettait tant de doublons à celui qui livrerait le ministre vivant, tant de doublons à celui qui l'apporterait mort. Le gouverneur de Constance se laissa séduire et fit de son mieux. Ce n'est pas tout ; l'ambassadeur écrivit au Duc, son souverain, pour lui demander des hommes d'action. Voici un passage de sa dépêche :

« Il ne nous reste plus qu'à tendre notre piége et à en finir. Je crois que, pour cela, personne n'est aussi indiqué que les gens de Brescia, tant pour leur naturel que pour la connaissance qu'ils ont du pays des Grisons. Si votre Altesse Royale avait des intelligences avec le Marquis de Martinengo ou d'autres personnes autorisées en cette ville-là, j'estimerais bon qu'ils envoyassent promptement deux personnes : Il y a le prêtre Cavuzi chef de la bande de Cappelletti, qui se tient sur les frontières de la Vénétie et de la Valteline, célèbre pour des entreprises semblables, et dont se sert la Sérénissime République de Venise en pareil cas ; et il y a aussi un certain Curzio Cavuzi, qui habite aux confins du Crémonais et de la principauté de Castiglione, d'égale habileté et avec des chefs de sicaires fameux pour de semblables actions. Avec de pareilles informations, sans perdre de temps, on pourrait se rendre droit à Coire. Je me permets d'indiquer humblement à V. A. R. ce que mon zèle m'inspire, sachant de quelle importance il est de réprimer l'audace des rebelles par la destitution du chef. »

Une destitution confiée à des sicaires ! Le terme est modéré, mais il ne faut pas oublier que le Comte de Govone est un gentilhomme qui a le sentiment des convenances sociales.

Le Marquis Martinengo fut bientôt avisé, et, s'aplatissant aux pieds du Duc de Savoie, lui répondit :

« Je m'humilie aux ordres de V. A. R. ; je me suis hâté d'écrire... pour avoir de sûres indications sur les agissements du prédicant Arnaud ; je me servirai de quelques uns de mes fidèles amis suisses, pour faire en sorte qu'on puisse l'avoir vivant dans nos mains... En cas contraire, il faudra se décider à le tuer — *in difetto, bisognerà appigliarsi alla strada della morte...* En somme, les ordres que j'ai reçus me viennent de trop haut, pour qu'ils ne se soient pas gravés dans mon esprit ; et je me déclare prêt à faire tout ce que ma faiblesse saura me suggérer, conformément à ce que me prescrit votre *Memoriale*, afin de voir exaucés les désirs de S. A. R. à qui appartient le pouvoir absolu sur ma maison.

Toutes ces machinations ne servirent de rien. Arnaud glissa entre les yeux des espions et les mains des brigands, échappant aux Baillis, aux Gouverneurs, aux Souverains qui lui donnaient la chasse.

Cependant, attendons encore. Le Comte de Govone informa le Duc que, si Arnaud lui avait échappé en passant de Coire à Zurich, on espérait l'attraper sans faute sur le chemin du retour. Et le Duc répondit le 27 août : « Nous voyons qu'il a réussi au Ministre Arnaud d'aller à Zurich sans donner dans le filet que vous lui aviez tendu, et que vous espérez qu'il y tombera en retournant à Coire, ce qui serait un bon coup — *il che sarebbe un buon colpo* ».

Trop tard. Le retour eut lieu, mais d'une manière inattendue pour le Duc ; car, ce jour-là, Arnaud gravissait la frontière, à la tête de ses gens, et la Glorieuse Rentrée avait commencé.

6.

La Date de la Rentrée.

—Non, ce jour-là, 27 août, Arnaud arrivait à la Balsille ; nous l'avons lu quelque part.

— En effet, le *Témoin* l'a dit, après la *Revue Suisse*, et la *Rassegna Settimanale*, et je vous avoue que je l'ai cru aussi

un instant. Mais réfléchissons, s'il vous plaît, que le Duc ne
pouvait pas écrire ainsi 3 jours après la bataille de Salbertrand,
quand il avait ordonné au Marquis de Parelle d'attendre nos
exilés au Col du Pis.

— Alors, comment expliquerons-nous cette date?

— En tenant compte de la différence entre les Calendriers ancien et moderne.

A propos, expliquez-nous ce point, car plus d'une fois on lit
dans l'histoire: telle date, vieux style; telle autre, style nouveau.
Huc, par exemple, dans sa relation de la Rentrée, ne s'exprime-
t-il pas ainsi?

— Tout juste. Du reste, il importe que nous arrivions à préciser la date de la Glorieuse Rentrée. Il s'agit d'un événement
qui appartient décidément à l'histoire, aussi bien que celui de
notre Emancipation et du Statut, et il faut que, à la fête du
Bicentenaire, si l'on nous demande quand Arnaud est parti de
la rive de Prangins, nous ayons une réponse toute prête.

— Eh! mais, n'avez-vous pas lu le programme de la fête, et
l'inscription que porte la colonne élevée il y a quelques jours
sur la rive de Prangins?

— Je l'ai lue, mais je n'en suis pas satisfait.

— Serait-elle erronée?

— C'est ce que je pense.

— Voilà qui n'est pas l'avis de tout le monde, je vous assure.

— J'en suis fâché pour... tout le monde; mais la vérité avant
tout.

— Décidément la question du Calendaire va m'intéresser.
J'écoute.

— En rafraîchissant quelque peu mes souvenirs de Collége,
voici, en peu de mots, ce que j'ai trouvé.

Au temps de Luther, de Calvin et d'Olivétan, on se divisait
sur la question religieuse, mais on observait le même Calendrier.
C'était le Calendrier Julien. Il n'était pourtant pas plus infaillible qu'une horloge; il était en arrière de plusieurs jours. Le Pape
s'en mêla. Il ne se pardonnait pas d'avoir si mal réussi à régler
les consciences, et que de fois, en voyant une horloge, ne dût-il
pas regretter, comme Charles Quint, que l'opinion publique ne
fût pas une pendule. Luther, Calvin, Zwingle, Knox, le Synode

de Chanforans aux Vallées, Vergerio aux Grisons, tous avaient réussi à réformer; lui, rien, quand son Eglise réclamait des réformes depuis avant les conciles de Constance et de Bâle. Un jour, avec l'air de quelqu'un qui sait aussi jouer de la flûte, il s'écria: J'aurai ma réforme; ce sera la Réforme du Calendrier. Il ne manquait pas d'esprit, au moins. Battu sur la Bible, il se vengea par l'Almanac, et il eut raison. Comme le Calendrier était en arrière de 10 jours, que fit-il? Il émana une Bulle l'an 1582, établissant que le 4 octobre de cette année là fût suivi, non du 5, mais du 15 octobre. Les Cantons Catholiques de la Suisse acceptèrent le Calendrier réformé par le Pape, et comme ce pape s'appelait Grégoire, on l'appela le Calendrier Grégorien. Les Protestants, un peu défiants, n'étaient pas disposés à faire bonne mine à une Bulle du Pape, quand Luther en avait brûlé une si solennellement. Cependant, comme ils honorent la vérité, ils finirent par se ranger. En l'an 1700, lisons-nous, les Cantons Réformés établirent que le 18 février fût suivi, non du 19 du même mois, mais du 1 mars. Ils donnèrent une preuve de bonne foi, et il est seulement à regretter que, lorsque les Protestants acceptèrent la réforme de l'Almanac, les catholiques n'aient pas reconnu, à leur tour, celle de la religion. Quant à l'Eglise orthodoxe de l'Orient, elle ne voulut pas démordre de la routine, et voilà pourquoi les Russes restèrent en arrière, d'abord de 10 jours, puis de 11 et de 12, reculant d'un jour par siècle.

Maintenant la question est toute simple. Tant les Vaudois comme les Suisses Réformés observaient au dixseptième siècle l'ancien Calendrier Julien, tandis que les Catholiques avaient adopté le Calendrier Grégorien. Voilà pourquoi Arnaud lui-même date, avant l'an 1700, telles d'entre ses lettres: « Turin 19/29 août 1698 », ou encore: « Frankfort, 18/28 décembre 1698 », c'est à dire 19 et 18 d'après le Calendaire Julien, et 29 et 28 d'après le Calendaire Grégorien. Le Duc de Savoie, écrivant à son ambassadeur Govone, datait d'après le Calendaire Grégorien, c'est à dire que sa lettre du 27 août correspondait à la date du 17 août julien, et qu'alors Arnaud n'arrivait pas à la Balsille, mais venait seulement d'entrer dans le territoire de Savoie.

— J'ai compris. Et alors, quand nos pères quittèrent-ils le rivage de Prangins?

— La question, au point de vue du Calendaire, serait bientôt vidée. Arnaud dit que le départ eut lieu « la nuit du Vendredi 16 au Samedi 17 août 1689. » Donc ce serait la nuit du Vendredi 26 au Vendredi 27 août 1689, car par combinaison, le 26 grégorien est un Vendredi, comme le 16 julien. Mais la véritable question n'est pas là, personne ne pouvant contester la différence des 10 jours. Il y a vraisemblablement à faire, en outre, la différence d'un jour. Je veux dire que, d'après Arnaud, le départ aurait eu lieu le 16 au soir, soit le 26 août; mais il y a motif de croire qu'il eut lieu le 15 au soir, soit le 25 août.

— Vous me faites tomber des nues : où trouvez-vous cela ?

— Je ne l'invente pas, au moins.

— Mais quand Arnaud l'affirme... il me semble...

— J'aime Arnaud autant que vous, tellement que je ne lui ferais jamais l'affront de le croire infaillible. L'abbé Perfetti disait, si vous vous en souvenez, qu'il n'y a d'infaillible dans la création que l'instinct des animaux. Non, quand la Société d'Histoire Vaudoise imprime en si beaux caractères que « dans la relation d'Arnaud nous trouvons des contradictions difficiles à aplanir », il faut nous permettre, au besoin, de mettre en doute l'exactitude de la date qu'il assigne à la Glorieuse Rentrée. Songez, d'ailleurs, qu'Arnaud imprimait son histoire plus de 20 ans après la Rentrée.

— Mais enfin, où sont vos raisons pour en douter ?

— J'ai trois témoignages, tous plus anciens que celui d'Arnaud.

— Le plus ancien de tous date de six jours après l'embarquement de notre héros. Un officier supérieur de l'armée française, nommé Bouchu, écrivait de Grenoble au ministre Louvois qu'un ingénieur se trouvant à Genève, « il y passait pour constant qu'une partie des séditieux de la valée de Luzerne estans sortis du pays de Vaux avoient traversé le lac de Genève le jeudy 15 à la faveur de la nuit ».

Le second témoignage est celui du capitaine Robert, qui est incontestablement le plus compétent des trois relateurs primitifs de la Rentrée, à laquelle il prit une part active, comme les deux autres du reste. Le major Rochas d'Aiglan a eu ses bonnes raisons pour ne vouloir consulter que lui. Eh bien, voici son témoignage : « Ce fut la nuit du 15me d'août 1689 que nous traversâmes le lac de Genève ».

En troisième lieu vient le témoignage de Huc, ce lieutenant français qu'Arnaud lui-même loua pour son exactitude, bien qu'elle ne soit pas irréprochable. Sa relation fut la première à voir le jour de la publicité. Dans le titre même, il mentionne le retour comme ayant eu lieu « depuis le 15 août »; puis, à la deuxième page, il ajoute : « La nuit du vendredi au samedi 16 août et 26 stile nouveau, nous partîmes d'auprès de Nyon. » Il se trompe visiblement quant au jour de la semaine, le 16 julien n'étant pas un samedi, non plus que le 26 grégorien. Mais il est clair que, selon lui, le départ eut lieu le 15 août au soir, soit le 25, et qu'il est d'accord, sur ce point, avec le général Bouchu et le capitaine Robert.

— Alors d'où vient qu'Arnaud s'en tient à la date du 16 août, soit 26?

— Il suivit, dans la rédaction de la première partie de son histoire, les notes de Reynaudin, « jeune homme qui d'étudiant (en théologie) s'était fait soldat, » et si nous en jugeons d'après plusieurs autres détails, il ne prit pas trop garde à certaines petites inexactitudes. Or Reynaudin, qui aurait écrit sa relation après la prise du couvent du Villar, d'après un mot de Muston puisé dans ses manuscrits, a-t-il le droit d'être cru de préférence, lorsqu'il est seul de son avis? Arnaud lui-même ne nous fournit-il pas la clé pour la solution de ce point lorsqu'après avoir dit que l'on partit de nuit, il note que, « comme il y avoit eu le jour auparavant un jeûne général dans toute la Suisse protestante, on y étoit encore tout plongé dans la dévotion », ce qui contribua à la bonne réussite du départ. Il faut donc que ce jour de Jeûne fût celui qui précédait immédiatement la nuit célèbre. Or, ce jour-là n'était-ce pas un Jeudi? Nous l'avons demandé à des connaisseurs en Suisse, et ils ont répondu affirmativement.

Nous concluons que la date du départ de la rive de Prangins fut, non le soir du 16, mais le soir du 25 août 1689.

7.

Le Chef de la Rentrée.

Une autre question intéressante serait maintenant de savoir qui a été le chef de la Glorieuse Rentrée. Si l'on en devait croire un des mille écrivains de notre histoire, nommé Boyer, le chef aurait brillé par son absence. « Les Vaudois n'avaient point de chef », dit-il. En un sens, il a raison. Si l'on entend par chef un commandant militaire régulièrement élu *ad hoc*, la Rentrée n'a pas eu de chef, car Turel ne l'a pas été. Mais si le chef est celui qui a la haute main et qui dirige, alors nous soutenons que ce fut Arnaud.

Ici nous prendrons à partie notre historien Muston, qui a surtout traité ce point. Nous allons démontrer que, en diminuant la part qui revient à Arnaud pour faire de Turel le commandant militaire, « le général Turel », il s'est trompé.

Personne n'ignore que, le commandant militaire désigné pour l'expédition, était le capitaine Bourgeois de Neuchâtel. Quand l'heure du départ eut sonné, il manqua au rendez-vous. Arnaud, débarqué sur le rivage de Savoie, fut surpris de ne pas le voir arriver, et, faisant de nécessité vertu, il invita Turel à prendre sa place, avec une importante réserve cependant. Mais laissons à Arnaud la parole.

« Quand tous furent arrivés, on s'appliqua à former un corps que le nommé Bourgeois de Neuchâtel devait commander. Il manqua au rendez-vous; nous ne dirons pas ici par quel principe... Il me suffit de remarquer que le poste d'honneur qu'on lui avait destiné fut donné au sieur Turel, qui était un réfugié de Die, au courage et à l'expérience militaire de qui on avait assez de confiance pour le déclarer commandant général; en sorte pourtant qu'il ne pouvait ordonner rien sans la participation du conseil de guerre composé des capitaines, et principalement sans conférer avec M. Arnaud qui avait l'œil à tout, et qui était comme son collègue et son avoué au commandement. »

Quoique ces paroles n'aient pas été imprimées par Arnaud, mais biffées par lui dans le manuscrit de son histoire, dont un court fragment est conservé à Berlin, nous les acceptons avec notre historien Muston comme authentiques et faisant ici autorité. Mais disent-elles ce qu'il leur attribue? Nous sommes loin de l'admettre. Nous avons une explication nouvelle, peut-être, mais plus fondée à leur donner, car elle est justifiée par le témoignage des trois relateurs primitifs de la Rentrée.

Commençons par le témoignage du jeune étudiant Reynaudin. Il est un peu fantasque. D'abord, il mentionne Turel comme «le Commandant»; mais ensuite, faisant allusion à sa désertion il ajoute: «C'est celui que j'ay nommé ci-devant notre Commandant, qu'il le fut ou non, n'étant pas digne qu'on lui donnât ce nom». Que veut-il dire? Digne ou non, Turel fut-il le Commandant? Oui, s'il fut élu et reconnu; non, s'il a exercé provisoirement et seulement en partie l'office de Commandement. On peut déjà, d'après les mots de Reynaudin, concevoir un doute.

Ce doute persiste quand on lit la relation du lieutenant Huc, qui mentionne le Commandant, sans jamais le nommer, quitte à attribuer ensuite le commandement à quelqu'un qui n'est pas Turel. Le capitaine Robert le confirme et tranche la question. D'abord, il ne nomme jamais Turel comme commandant, puis lorsqu'il fait allusion à sa mort douloureuse, il a ces mots: «Il y en a eut un cruellement éxécuté *pour avoir voulu prendre le titre de commandant que les Vaudois ne lui avaient pourtant pas voulu accorder*». Est-ce clair? Arnaud le désigna donc, en réservant au Conseil de guerre le plein droit de délibérer, et à soi-même le contrôle, ou la haute main. Mais certes, Turel ne fut pas élu, selon la règle prescrite dans les instructions de Janavel, il n'eut pour lui, ni le vote du Conseil de guerre ni celui des soldats. Voilà qui explique la phrase ambigüe de Reynaudin, le témoignage équivoque de Huc, la déclaration explicite de Robert, et le fait que Turel n'est jamais mentionné que comme capitaine, tandis que son successeur Odin est désigné sous le nom de major. D'autre part, pourquoi subirait-on Turel, si ce n'est par respect pour Arnaud? Et si Arnaud n'était là que pour «remplir les fonctions du ministère évangélique», comme prétend Muston, comment s'expliquerait-on la soumission des capitaines qui obéissent occasionnellement, comme fait Robert, aux ordres de Turel' sans lui reconnaître le titre de Commandant?

Non, le chef de l'expédition est bien Arnaud. Nous n'insistons pas sur le titre ; nous parlons de l'autorité souveraine et reconnue de tous. En veut-on la preuve ? Voici le témoignage du lieutenant Huc et du capitaine Robert. Le premier, disait-on naguère dans le *Témoin*, n'aurait jamais mentionné Arnaud comme commandant. Il a toutefois, à la fin, un mot bien significatif. « On asseure, dit-il, que les Vaudois sont toujours commandés par monsieur Arnaud, leur ministre. » Robert est d'ailleurs explicite. « Monsieur Arnaud le Ministre en fut le principal auteur », dit-il en parlant de la Rentrée. Il ajoute que les Vaudois « ne firent qu'un corps, dont Monsieur Arnaud fut toujours comme le chef », et il répète : Ayant monsieur Arnaud ministre du S. Evangile à notre tête qui en a toujours été comme le chef ».

Mais alors, objectera-t-on, pourquoi cette expression « comme le chef » ? La réponse ne nous paraît pas difficile. Au fait, Arnaud commande ; mais comme pasteur, il ne saurait revêtir le titre de commandant militaire, qu'il n'ambitionne pas. Il n'est pas le chef militaire qu'on élit ; il est le chef suprême qui s'impose naturellement par le fait même qu'il est « le principal auteur » de l'expédition. Arnaud nous apprend d'ailleurs que, quant à lui il n'est ni major, ni simplement un ministre comme ses deux collègues Chyon et Montoux, mais que nous pouvons le « nommer leur Patriarche ». Or on élit un Major, mais on n'élit pas un Patriarche. Ce mot dit beaucoup ; c'est le mot *Barba* à la plus haute puissance ; il implique une dictature quasi illimitée. Cette comparaison aurait dû se présenter d'elle-même à l'esprit de l'auteur de l'*Israël des Alpes*.

Mais encore, regardons aux faits. Nous n'en citerons que deux, que nous empruntons au récit de la Rentrée.

Le premier est pris de la cinquième journée. La légion était arrivée au bourg de Sainte Foi, elle s'y approvisionne. Mais les habitants se montrent si aimables, que nos gens s'attardent. Arnaud, qui se trouve être à l'arrière garde, s'avance pour en savoir la raison. Ici, relevons ses propres paroles : « Les officiers lui aïant fait récit des offres honnêtes que les Messieurs de la ville faisoient, *il n'y fit aucune attention*, et aïant pour maxime de se défier toujours des caresses affectées de l'ennemi, *il fit marcher non seulement les troupes, mais avec elles messieurs les flatteurs».* Un véritable patriarche.

Le second fait est plus concluant, parce qu'Arnaud n'est pas seul à en témoigner. Les Vaudois, rentrés dans les Vallées, s'y défendaient au milieu des plus grands périls. La discorde entrait dans leurs rangs et ils allaient se débander, quand Arnaud intervint. Reynaudin et Huc n'en disent mot; seulement Robert y touche eu passant: «Tout ce qu'il y avait de Vaudois dans notre corps voulait s'en aller chacun dans son village, dit-il, mais monsieur Arnaud leur représenta si bien qu'ils allaient absolument se perdre, qu'ils restèrent ensemble». Arnaud raconte le fait avec plus de détails. Il parait que nos exilés étaient, ce jour-là, au *Ciamp d'Armand*, à Rodorêt. «Ils demeuroient toujours ainsi indéterminés,» écrit Arnaud, «et étoient sur le point de courir à leur perte. Alors monsieur Arnaud, prévoïant la désunion, dit que dans un tel embarras il fallait avoir recours à Dieu, et en effet il commença la prière. Après quoi, leur aïant instamment recommandé l'union et leur en aïant fait goûter la nécessité indispensable, il leur fit comprendre que n'étant plus en possession de l'Aiguille, et les ennemis inondant toute la campagne il était inutile de songer à se retirer ni du côté de Bobi, ni de celui d'Angrogne, ajoutant qu'il ne voïoit point de poste plus avantageux que celui de la Balsille : à quoi effectivement tous applaudirent unanimément.»

Nous avons là, tout à la fois, la preuve qu'Arnaud dirige, qu'il est compétent à le faire, et qu'il est le plus fidéle interprète des instructions de Janavel, qu'il oublie moins qu'il n'en a l'air.

Désire-t-on encore d'autres preuves? Alors que l'on daigne jeter un coup d'œil sur les documents officiels, entendre l'opinion des amis et des ennemis et consulter le verdict de la postérité. Qui est-ce donc qui signe les communications officielles? Arnaud d'abord, le major Odin ensuite. A qui s'adresse le Conseil de Genève pour demander raison de l'enrôlement de nos exilés? A Arnaud, moyennant un décret qui dit: «Le sieur Arnaud sera mandé pour donner des explications sur ce fait.» A qui, les ennemis tendent-ils leurs filets? Govone nous l'a assez dit, nous semble-t-il. Quand les hostilités auront cessé, avec le Duc de Savoie, sur qui tombent les décorations? On parle d'un «bâton

de Commandant » conféré par Victor-Amédée; je n'y puis croire
sur une simple *diceria* enregistrée par Huc ou son continuateur,
à moins qu'il ne s'agisse que d'une marque d'honneur. Mais
enfin, le Duc a honoré Arnaud tout particulièrement, et le roi
Guillaume III l'a bien authentiquement nommé colonel d'un sien
régiment. Cela ne dit-il rien? Enfin, voyez le casque qui orne
sa tombe, surtout les inscriptions qui le comparent à David
vainqueur des Philistins et qui l'appellent « *strenuus Waldensium
Pedemontanorum pastor nec non militum præfectus* ». Après
cela, si l'on ne sera pas encore convaincu, il faudra avouer qu'on
est bien difficile.

Que l'on ne dise donc pas qu'Arnaud a voulu se faire la part
du lion, dans son histoire. Certes, il avait conscience de son rôle,
mais il n'en est pas moins vrai que l'opinion de Muston est in-
soutenable, et qu'il vaut mieux dire avec MM. Klaiber et le D.
Lantarêt que la troupe, commandée par Turel était « sous la
direction supérieure d'Arnaud », ou bien, avec M. D. Peyrot, que
« Arnaud était incontestablement l'âme et le patriarche de la
petite troupe ».

8.

Retour de l'Exil.

Ce chapitre est connu; bornons-nous à marquer les faits principaux.

La traversée du lac de Genève eut lieu après neuf heures du
soir. Débarqués sur la rive de Savoie, nos gens ne voyant pas
arriver le capitaine Bourgeois, s'organisèrent en 20 compagnies,
sous la direction générale d'Arnaud « qui avait l'œil à tout » et
le commandement provisoire de Turel. Vendredi 26, au lever du
jour, la légion s'ébranla.

Nè di Venere nè di Marte
Non si sposa nè si parte,

dit un proverbe. Les Vaudois n'en savaient pas si long en fait
de superstition. Ils avaient confiance en Dieu, de sages instructions, leur poudre sèche, de bonnes armes, et à peine l'argent

nécessaire. En quelques heures, ils gagnèrent les sommets, sans
coup férir; ils eurent soin d'éviter les ponts, de faire des ôtages
et de payer les vivres, argent comptant. On a calculé que, en moyenne, nos soldats faisaient 22 kilomètres par jour et portaient,
chacun, un poids de 50 kilogrammes. Après sept jours de chemin, rendus de fatigue, ils rencontrèrent non loin du pont de

Col du Bonhomme. (1)

Salbertrand un paysan qui leur dit: « Allez, on vous prépare un
bon souper. » En effet, le marquis de Larrey campé sur les a-
bords de ce pont avec un gros détachement de soldats, les attendait de pied ferme. Les voilà aux prises avec l'ennemi. Ici,
nous voudrions céder la parole au capitaine Robert, mais une
description plus succincte fera mieux notre compte. Nous l'empruntons à notre ami M. Peyrot.

(1) Près duquel passèrent les Vaudois avant d'arriver à Salbertrand.

Il est près de minuit ; la lune ne pointe pas encore à l'horizon ;
il n'y a pas de temps à perdre. Les ténèbres cachent aux Vaudois la grandeur du danger, et aux Français le petit nombre
des assaillants. « On avance vers le pont en bois situé outre Salbertrand et Oulme, derrière lequel les soldats du marquis de
Larrey se sont retranchés sur une immense prairie de forme
triangulaire, dont la base longe la Doire. Une embuscade (c'est
déjà la seconde) prend la fuite, et les Vaudois arrivent au pont
en même temps que les derniers fuyards. Au cri de : Qui vive?
ils répondent : Amis ! Mais la sentinelle crie : Tue ! Tue ! Une
épouvantable fusillade commence alors, mais nos héros s'étant
aussitôt jetés à terre sur l'ordre d'Arnaud, laissent les balles
siffler dans l'obscurité au dessus de leurs têtes. Un seul d'entre
eux est blessé au cou. De plus, à la lueur des décharges qui
éclairent le camp ennemi, ils ont l'avantage de pouvoir ajuster
leurs coups et de faire trois décharges avec succès. Le feu s'é-
tant un peu calmé, ils se relèvent, et l'avant-garde s'élança à
corps perdu sur le pont, en s'écriant : Le pont est gagné! Un
combat acharné s'engage ; trois fois ils doivent revenir à l'assaut, car les ennemis défendent avec rage le petit mur qui forme
la tête du pont et se laissent couper en morceaux plutôt que de
céder. Finalement la victoire se déclare du côté des Vaudois.
Les Français, ne s'attendant pas à trouver tant de vigueur et
de courage chez une troupe de gens fatigués et affamés, hésitent,
reculent et prennent la fuite au cri de : Sauve qui pourra! Le
mot d'ordre des Vaudois : Angrogne, mal compris et prononcé:
Grogne, par ceux qui cherchent refuge au milieu d'eux, coûte
la vie à plus de 200 ennemis. La déroute est si complète que
plusieurs cherchent leur salut en contrefaisant les morts, ce qui
oblige les Vaudois à faire une revue exacte des cadavres, avec
la pointe de l'épée. Le marquis de Larrey, blessé au bras, s'écrie
en fuyant dans sa litière: Est-il possible que je perde le combat
et mon honneur? Pendant ce temps, Arnaud, Mondon et deux
soldats tiennent tête aux trois compagnies d'Exilles qui ont suivi
les Vaudois de loin et les attaquent par derrière. A peine le
pont est-il gagné, que l'arrière-garde vaudoise le fait sauter.
Enfin la lune se lève et éclaire le champ de bataille évacué par
l'ennemi mais couvert de morts... La bataille avait duré deux

heures. Les vainqueurs entassent le butin, qu'ils ne peuvent emporter, sur quelques barils de poudre, puis, faisant sauter le tout, ils s'écrient en lançant leurs chapeaux en l'air: « Grâces soient rendues à l'Eternel des armées ».

Voilà une journée qui compte. C'était Vendredi, 2 septembre, d'après le calendrier moderne.

Arrivée au Val S. Martin, la légion vaudoise, diminuée de 300 hommes, mit en déroute un corps de troupes de Savoie qui gardait le Col de Pis, et le 5 septembre, elle gagnait la Balsille, où elle trouva enfin « un bon souper » et, par dessus le marché, du repos. Arnaud raconta qu'il ne lui restait, ce jour-là, qu'un demi louis d'or. Le trajet fut fait en dix jours.

Le repos ne fut pas long cependant. Le lendemain, de bonne heure, nos héros quittèrent la Balsille, et passant par Prali, où Arnaud prêcha son premier sermon de la Rentrée, se jetèrent sur le col Julien, descendirent à Bobi, et s'arrêtèrent quelques jours sous les châtaigners de Sibaud. C'est là que nos pères jurèrent, à main levée, fidélité à Dieu et union en face de l'ennemi. Ensuite vinrent les plus mauvais jours. Turel et quelques autres officiers désertèrent, le pasteur Mondon fut fait prisonnier; Arnaud, resté seul pasteur, faillit être pris à son tour; la position forte de l'Aiguille, un instant occupée, fut perdue, et un commencement de discorde menaçait l'expédition d'une ruine certaine et même imminente. Arnaud la sauva. Grâce à lui, les débris de la légion réunis au Ciamp d'Armand, à Rodorêt, se fondirent en un corps de 370 résolu à se retirer à la Balsille — c'était, on le sait, la pensée de Janavel — et à y tenir la parole jurée à Sibaud. Qui ne connaît les particularités de ce siège, devenu si célèbre? On a lu, sans doute, la description si touchante de vérité et de simplicité qu'en a laissé le capitaine Robert, et on lira plus loin, l'allusion qu'y fait Arnaud dans une lettre écrite du camp de Villefranche, où il dit qu'il fera un jour le récit que chacun peut relire dans son histoire.

On omettra donc ici les traits connus, touchant le blé trouvé en grain sous la neige ou la Manne, comme dit Robert, les moulins, les excursions, les baraques et leurs familles, le culte privé, la prédication d'Arnaud, la femme qui culbute un peloton de soldats, le sort malheureux du spirituel lieutenant colonel Parat la réponse aux Français, la correspondance avec le marquis de Parelle, le chevalier Vercellis, Gautier etc.; nous ne dirons mot du chaudron qui n'était pas de la forêt de Dordone, ni même de l'ormeau de la Balsille

...... dont le feuillage
Se balance au vent du soir.

Hâtons-nous sur les pas de nos réfugiés; ils vont sortir.

Après s'être garés, non sans périls, contre le froid et la faim pendant des mois entiers, ils se virent serrés de près, au printemps, surtout par les Français. L'assaut du 12 mai fut rude, mais ni les rochers de la Balsille ni le courage de nos braves n'en furent ébranlés. Alors on amena le canon, et il fit « merveille », comme on dirait aujourd'hui. « Après nous avoir tiré 114 volées de canon sans qu'aucun quittât son poste », écrit Arnaud, « après avoir renversé notre grand bastion et notre palissade, sur le soir — c'était le 24 mai — nous nous retirâmes au haut de la montagne où l'on nous tira de tous côtés plus de six mille coups de fusils ». La ruine des Vaudois était inévitable, cette fois; le colonel de Feuquières la considérait comme un fait accompli, tellement qu'il l'annonça au ministre de la guerre comme avenue. Mais le soir, à la faveur du brouillard, nos gens s'échappèrent sans bruit, à travers les précipices, conduits par le capitaine Philippe Tron-Poulat. Le matin suivant, les assiégeants s'aperçurent, un peu tard, qu'ils assiégeaient... des rochers. Ils n'en croyaient pas leurs yeux. Arnaud est un sorcier, un magicien, disait-on; il a transporté sa légion « dans les nues ». C'est que, observait le général Catinat dans sa relation : « il s'éleva un brouillard et une tempête si grosse, qu'une partie de l'armée appuyée du témoignage de plusieurs officiers qui avaient vu plusieurs fois arriver ainsi la même chose si à point nommé, creut que le ciel s'intéressoit à la conservation de ces gens là qui sembloient avoir les éléments à leur disposition ». Le plus désappointé, on le devine bien: ce fut le colonel de Feuquières. Il dut vite s'excuser d'avoir pris son désir pour la réalité. « Je suis bien fâché, Monseigneur », écrivit-il ce jour même au ministre Louvois, « mais ce n'est en vérité pas ma faute ». C'était « le brouillard », ajoutait-il, « les rochers affreux », et la fortune de

« ces gens-là ». Toutes ces explications expliquaient fort peu de chose. Le capitaine Robert n'en avait qu'une, qui valait mieux : « Ce que Dieu garde, disait-il, est bien gardé ».

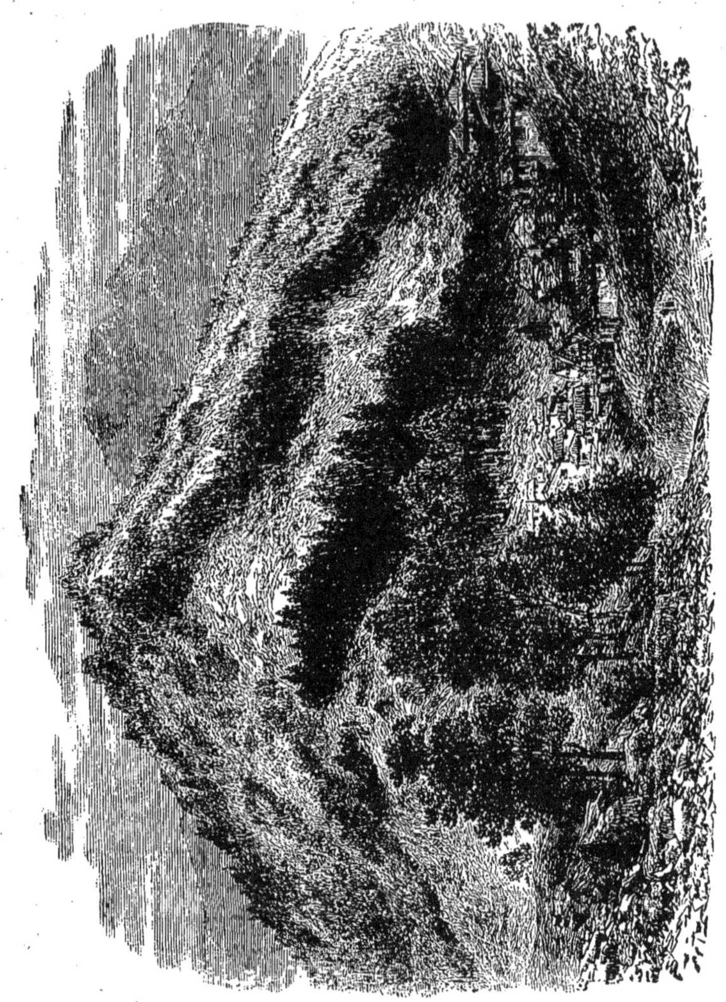

La Balsille.

La légion atteignit, peu de jours après, les hauteurs du Pré du Tour. C'est là que leur parvint la nouvelle que le Duc de Savoie, s'étant rallié à la Ligue contre Louis XIV, offrait la paix aux Vaudois.

C'était le 31 mai.

La nouvelle était fondée, et les preuves arrivèrent bientôt, sous la forme de gros pains, que le Duc envoyait à ses sujets des Vallées. Il avait besoin de compter sur eux pour la garde de la frontière. Arnaud se rendit à son camp de Moncalieri, à la première occasion, avec le major Odin et le capitaine Friquet.

Ils furent reçus au son des fanfares. C'est alors que Victor Amédée aurait prononcé ces mots: «Jusqu'à présent nous avons été ennemis, désormais il nous faut être bons amis. D'autres ont été la cause de votre malheur; mais si, comme vous le devez, vous exposez vos vies pour mon service, j'exposerai aussi la mienne pour vous, et tant que j'aurai un morceau de pain, vous en aurez votre part».

Arnaud jubilait. Il trouvait ce «discours très-chrétien», et dans une lettre à son bon ami Thormann, bailli d'Aigle, il répandait son contentement en ces paroles:

«.... Nous sommes dans la plus parfaite union du monde avec S. A. R.... Elle nous a très-bien reçus, et nous laisse dans une pleine liberté.... Je sais que vous contribuerez très-assurément en tout ce qui sera de votre pouvoir pour le rétablissement de nos pauvres Eglises, voïant surtout les grands miracles que Dieu a faits depuis dix mois pour les soutenir. Il n'y aura jamais que lui seul qui sache et qui saura les peines que nous avons eües, de même que les combats horribles qu'on nous a livrés tant et tant de fois, sans que nos ennemis aïent pu venir à bout de leur dessein; au contraire, lorsqu'ils crioient: *« C'en est fait, ils sont à nous »*, le grand Dieu des armées nous a toujours donné la victoire... Le temps est venu qu'il faut rebâtir la S. Sion. J'ai passé pour un téméraire et un imprudent: cependant l'évènement fait voir que c'est Dieu qui a fait toutes nos affaires, et le pauvre Arnaud est avec les généraux, aimé de tous ceux qui l'auroient mangé ci-devant. C'est ici l'œuvre de Dieu, à lui seul la gloire».

Le bruit courut même alors que le Duc avait donné à Arnaud le bâton de Commandant. Quoiqu'il en soit, il est certain que, quelque temps après, le roi Guillaume III lui conféra le titre de colonel d'un régiment.

En attendant, la guerre continuait. Arnaud fut témoin de la prise du fort de S. Michel, près de Luserne; de la victoire de

Briquéras, qui délivra les Vallées du joug des Français. Il en porta les nouvelles au Duc, à Villefranche. Dès lors il ne prit part à la guerre que fort occasionnellement, par exemple dans

Eglise des Coppiers.

une circonstance racontée par lui-même dans une lettre à J. A. Turrettini. Le volte face du Duc de Savoie, et son traité avec

la France, le 29 août 1696, lui causèrent un amer chagrin. Rentré
dans son foyer, depuis quelques années, il se renferma de plus
en plus dans le cercle de la vie pastorale.

9.

Encore en exil.

Le Duc de Savoie avait rétabli les Vaudois dans leurs anciens
droits par un édit de l'an 1692, répété deux années plus tard.
Rome se hâta de protester ; une grosse querelle éclata, mais
grâce à la fermeté du prince elle n' eut pas les suites qu'on en
pouvait redouter. Les pasteurs Vaudois mirent à profit ce temps
de trêve pour la réorganisation des Eglises des Vallées.

Un premier synode eut lieu, dans ce but, le 18 avril 1692, aux
Coppiers, chef-lieu de la paroisse de la Tour. Neuf pasteurs y
furent présents. De leur nombre était Arnaud, remplacé à la
Tour par son ami Giraud et maintenant pasteur « de l'Eglise de
Vignes et de Roras», ainsi que modérateur adjoint, à côté du
modérateur David Léger. Déjà l'année suivante, il demanda qu'on
l'exonérât de ce dernier office, et nous lisons que « la compagnie »
acquiesça à son désir « après l'avoir loué et remercié ». La misère
était alors générale, poignante, grâce surtout aux réfugiés français. Les pasteurs avaient une petite pension d'Angleterre, mais
le cours en ayant été suspendu, leur condition devint si pénible
que le modérateur Léger dut représenter à un synode de l' an
1694 « qu'il estoit impossible qu'ils peussent subsister avec les
appointemens qu'ils ont eus jusqu'ici ». Sur quoi l'on délibéra que
chaque député eût à en référer à son Eglise, « afin qu' elle se
dispose à donner un honneste entretien à son pasteur comme
elles le faisoient par le passé » Il paraît qu'on ne s'en acquitta
pas « dans la mesure du possible », car Arnaud commença bel et
bien à être rongé par un souci qu'il n'avait peut-être pas connu
jusqu'alors, celui de l'entretien de sa famille. Sur un appel de
l'Eglise de St. Jean, il s'y rendit. Etait-ce une promotion ? Nous
l'ignorons. Le fait est qu'on ne lui payait pas son honoraire.

S'il en ressentit parfois un peu d'aigreur, lui jetterons-nous la pierre.... au lieu du pain? Ecrivant à J. A. Turrettini, il parle de l'éducation de ses six enfants, qu'il pense acheminer en Angleterre, et il ajoute avec un grain d'amertume: «Parmi les gens d'icy, on ne voit qu'ingratitude partout. J'aurai patience pendant la guerre; après quoi je prendrai mon parti».

Rorà.

Trois ans plus tard, au synode du 25 avril 1697, Arnaud fut élu modérateur. Le pasteur de S. Jean, las d'attendre le payement de son honoraire, en porta plainte à ce même synode. On lit, en effet, que «le sieur ministre de S. Jean s'estant plaint à l'Assemblée que son Eglise le laisse en arrière depuis environ trois années, il a esté ordonné que les députés exhorteront vivement l'Eglise d'y satisfaire, sans quoy on exécutera l'article qui ordonne que les Eglises seront privées du S. Ministère, si elles ne donnent la subsistance nécessaire à leurs pasteurs ». La teneur même de cette délibération prouve bien que le cas d'Arnaud n'était pas isolé.

Aux soucis du ménage, s'ajoutaient ceux de l'Eglise. La misère n'y était pas sans rapport avec la vie spirituelle. Le Dimanche était mal observé, et en ces temps de trouble, la discipline avait de la besogne. Les droits reconnus aux Vaudois étaient souvent vidés. Le curé de la Tour allait se pourvoir de bon argent à Turin, et, de retour, achetait force terres pour le patrimoine ecclésiastique. On effrayait ou l'on séduisait les pauvres gens, pour les amener à la messe, et, dans la plaine, on mariait les enfants pour les river à la Sainte Mère Eglise, qui avait déjà assez de grapins. Il y avait encore des Vaudois aux galères: il fallait descendre à Turin et agir pour obtenir leur délivrance.

Enfin, venaient les soucis de la politique. Le traité avec la France avait paru à Arnaud de mauvais augure. Il ne tolérait la présence des réfugiés français aux Vallées que « durant la guerre ». Que dis-je? Une clause les bannissait, mais le Duc la tenait secrète. Cependant il en transpira quelque chose, et l'inquiétude d'Arnaud se trahit plus d'une fois dans sa correspondance. « La beste est toujours la même », écrivait-il, et il ne se lassait pas d'exhorter les amis, en Suisse et ailleurs, de veiller à obtenir de bonnes conditions pour les Vallées à la prochaine paix générale, leur signalant surtout la haine de la France et de l'Eglise catholique. On dirait, s'écrie-t-il, que « Dieu abandonne la nacelle de son Fils ». Il n'y a rien à espérer de ces deux puissances, qui ne peuvent souffrir la lampe de vérité. « Selon mes foibles lumières, ce n'est pas encore le temps de paix. La France auroit trop d'orgueil; et si on poursuit vivement la beste, on la lasse, on la prend et on la tue, afin qu'elle ne fasse plus de mal à aucun des alliés, ni à ceux qui ne le sont pas ». Enfin, le voile fut déchiré par un édit du Duc de Savoie, du 1 Juillet 1698. Les réfugiés français, Arnaud bien compris, avaient deux mois de temps pour quitter les Vallées. Les pasteurs Vaudois essayèrent d'obtenir du moins grâce pour Arnaud, leur modérateur; ce fut en vain. Il fallut se séparer.

J'ai commencé un nouvel exode, suivi de péripéties que nous ne pouvons raconter. Attachons-nous aux pas d'Arnaud, pour rappeler, en quelques mots, les principales vicissitudes qui marquent la fin de sa carrière.

Laissant sa famille aux Vallées, sauf son fils Scipion, pour un an environ — elle était vaudoise et par conséquent à l'abri de l'édit qui ne frappait que les réfugiés français — il partit avec six de ses collègues et plusieurs troupes d'exilés. Il avait obtenu que, pendant la traversée de la Savoie, le Duc leur passât la ration de pain nécessaire. A la dernière heure, la ration fut retirée. Arnaud en fut courroucé. Il n'avait pas oublié le « discours très-chrétien du Duc », et il ne s'attendait pas, même après les derniers déboires, que « le morceau de pain » dût être partagé de cette façon. Mais son cœur serré par l'angoisse se dilata bientôt, grâce à l'accueil des coréligionnaires de Genève et de Zurich. Cette fois, il ne songea plus à la rentrée, mais à la fondation d'une colonie vaudoise au Wurtemberg. Nous disons vaudoise, parce que les réfugiés français étaient accompagnés d'un fort noyau de Vaudois, composé de leurs familles ou d'habitants de la vallée de Pérouse et du Pragela. Déjà une fois on avait entamé à cet effet, des négociations; mais elles n'avaient guère eu de suite. De Zurich, Arnaud se rendit donc à Stuttgart, fit une proposition formelle au Duc Eberhard Louis, obtint des terrains à cultiver, mais à de si rudes conditions, qu'il lui fallût voyager plus loin afin d'intéresser à son projet les autres puissances protestantes. Il visita Darmstadt, Frankfort, la Haye; puis s'embarqua, et le voilà à Londres, où il reçut un royal accueil. Il vit quatre fois le souverain, son grand protecteur Guillaume d'Orange; il fit la connaissance de l'évêque de Londres, de plusieurs hauts dignitaires de la Cour et de l'Eglise, et obtint des secours et de bonnes recommandations qui facilitèrent l'établissement de la colonie. De retour, il en surveilla l'implantation, la distribution en communautés, fixa son *home* à Schönenberg, y introduisit la culture des mûriers et des pommes de terre, reprit ses fonctions régulières de pasteur, et, de temps à autre, l'office de modérateur. Il fut le patriarche de cette colonie; il en prit sur lui tous les intérêts, religieux, civils, sociaux et économiques, les soutenant avec le Duc, les amis de la Suisse, de l'Allemagne et de l'Angleterre, soit qu'il fût question de semailles à pourvoir ou de masures à annexer, ou qu'il s'agît de secourir les colons appauvris par la grêle ou par les ravages de la guerre. Il était, en quelque sorte, l'ambassadeur de la Providence pour ces pauvres gens, compris les fripons, car il y en avait aussi. Seulement, dans son cas, l'ambassadeur portait parfois la peine de son message. Ainsi, un sien collègue, nommé Abel Gonzales, lui causa plus d'un ennui. Il faut dire que c'était un querelleur infatigable. Il calomniait, injuriait, puis, sous le coup de la discipline, il embrassait Arnaud sur les deux joues en plein synode; quitte à recommencer. Cet Abel avait de jolis frelons en tête. Entre autres manies, n'avait-il pas celle de vouloir baptiser de son nom son propre village? Il finit par se faire chasser après plus de 40 ans de ministère.

Mais l'épine, la scie principale d'Arnaud, ce fut un apothicaire médecin de Dürrmenz, nommé Caumon. Devenait-il syndic, il se rendait insupportable. Il taquinait son vieux pasteur sur le bois, les collectes, quitte à collecter, lui, à sa façon. Allait-il au sermon? Il tendait l'oreille, guettant une allusion personnelle. Un jour il porta plainte; c'en était trop. Son pasteur avait parlé de Nébucadnésar et de Louis XIV, ajoutant qu'il ne manquait pas, encore alors, de gens orgueilleux de cette espèce. L'allusion était évidente: après Louis XIV, venait naturellement le syndic de Dürrmenz. Une autre fois, après avoir entendu un sermon d'Arnaud, il exclamait: «La plication a esté fait contre moy, parceque je suis Sindic». Qu'on lise, dans la dernière lettre d'Arnaud, ce qu'il eut à endurer avec ce vilain personnage, qui encore peu de temps avant sa mort, se donna assez de mal pour ternir sa réputation. On y verra que le héros de la Rentrée était prêt à tout perdre, «fors l'honneur». Du reste, les médisances ne servirent guère qu'à faire briller davantage ses qualités, comme ces chiffons qui polissent le précieux métal qui subit leurs caresses. Au surplus, les ingrats du Wurtemberg lui firent oublier ceux des Vallées, où il revint en visite vers l'an 1705. Fut-ce un voyage de nôces? On serait tenté de le croire. A son départ de S. Jean, Arnaud avait encore sa première femme; depuis lors, elle n'est plus mentionnée, mais nous ne savons dire au juste quand elle fut remplacée par Renée Rebondy, vaudoise originaire du marquisat de Saluces. C'est alors qu'on peut se le représenter avec la magnifique perruque que nos lecteurs auront vue quelque part. Ses dernières années ne furent pas aussi troublées qu'on serait tenté de le croire, après ce que nous venons de dire. Les légers nuages, causés par les petits ingrats, ne lui dérobèrent jamais son bon soleil. Arnaud avait, de sa nature, un optimisme de bon aloi, que sa foi simple et sa confiance filiale dans « le grand Dieu des cieux » ne fit que confirmer. Bon, jovial, vif, impatient à ses heures, français d'esprit, vaudois de cœur, il parlait de la France, sa marâtre, comme l'on sait, et se consolait de la perte de sa double patrie par l'affection vouée à sa colonie et à sa famille. Il faut voir de quel œil attendri il suit ses fils et ses petit-fils, qu'il abrite, dirige ou recommande, suivant leurs besoins. On sent que c'est ici surtout qu'il est digne du nom de patriarche, et si, comme on l'a remarqué avec justesse, ses descendants ont hérité de lui quelques-uns de ses traits plus caractéristiques, il en est un surtout qui nous frappe : l'amour réciproque qui règne entre les membres de la famille.

Arnaud mourut, rassasié de gloire et de jours, le 8 septembre 1721. Ses cendres ont été recueillies dans la vieille chapelle de Schönenberg, récemment restaurée, grâce à la libéralité d'un de ses derniers descendants. Elles y reposent dans une paix si profonde et y sont entourées de tant de vénération, que pour des siècles il ne sera pas question de les transférer aux vallées. Sa tombe est ornée du sceau de la maison, identique à celui que présente sa gravure. Ce sceau, reconnu authentique par la Consulta Araldica de Milan, est conservé par la famille Peyrot, avec d'autres reliques, entr'autres une coupe de communion, une tabatière, et la lettre autographe que nous pouvons, grâce à la courtoisie de MM. Jules et Arthur Peyrot, reproduire à la fin de la seconde partie de cet écrit, où il sera question de la correspondance. Pour revenir à la tombe, disons encore qu'elle est ornée de plusieurs inscriptions qui indiquent la date de la mort, la vaillance du héros qu'on y compare à celle de David combattant les Philistins, et ces mots : *Nescit labi virtus* et *Ad utrumque paratus*, proverbialement connus parmi nous. Un de ses portraits porte le joli couplet suivant, qui résume toute sa vie :

> Je prêche, je combats, j'ai double mission,
> Et de ces deux emplois mon âme est occupée ;
> Il s'agit aujourd'hui de rebâtir Sion,
> Il faut la truelle et l'épée.

Chapelle de Schönenberg.

ARBRE GÉNÉALOGIQUE

de la famille Arnaud, à dater du 16ᵉ siècle

Cet arbre paraît pour la première fois. Nous ne le tracerons pas sans remercier MM. l'abbé P. Guillaume de Gap et le professeur J. D. Charbonnier pour le concours qu'ils ont daigné nous accorder. C'est grâce à eux qu'on peut le donner ici comme étant relativement complet. Nous le donnons ici tout sec. Pour les détails, voir notre récit italien.

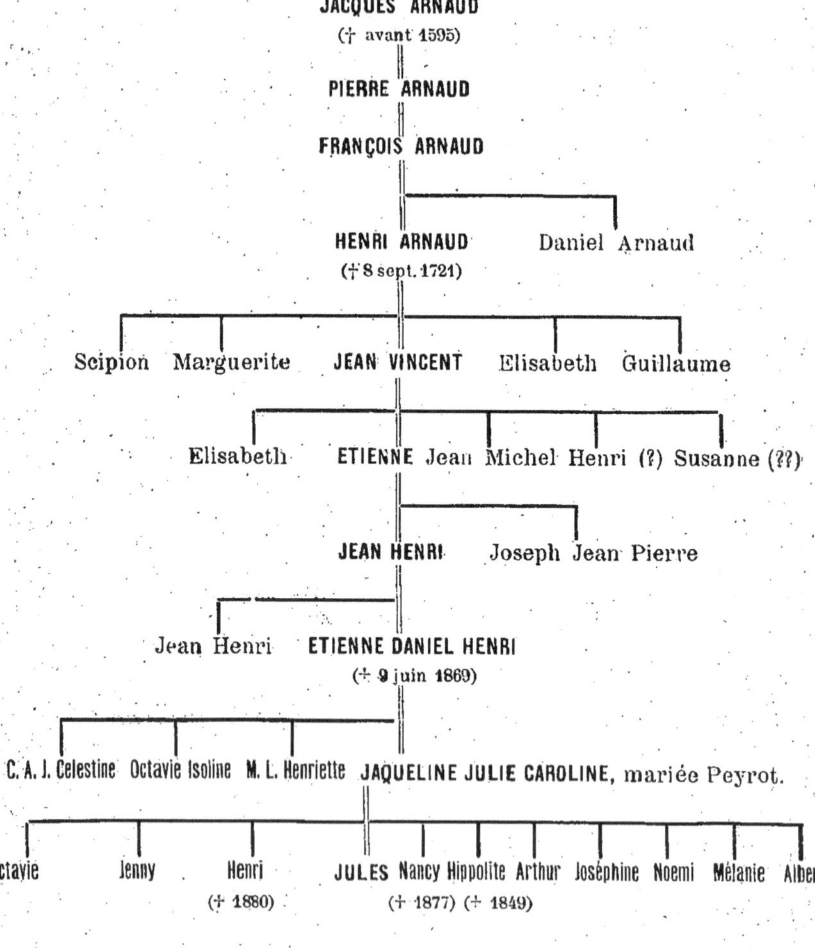

II.

SES LETTRES.

Bien que nous n'entreprenions pas ici l'examen de tous les
écrits d'Arnaud, comme notre titre n'en excepte qu'un seul, on
nous saura peut-être gré de toucher, dans cet avant-propos, à son
Histoire de la Glorieuse Rentrée.

Si l'on sait quand il l'a imprimée, on ne réussit pas à préciser
le temps qui a servi à sa rédaction. Mais il est certain qu'il en
eut l'idée dès l'an 1690, ainsi que le prouvent quelques mots
d'une lettre qu'il écrivait, le 14 août de cette même année, du
camp de Villefranche. En s'excusant de ne pouvoir raconter en
une simple lettre « les miracles que Dieu a faits en faveur des
Vaudois », il dit: « Je me réserve d'en faire voir bien tost à toute
la terre, non un abrégé seulement, mais l'histoire toute entière ».
Ce « bien tost », on le voit bien, est devenu « asséz tard », non
pas « trop tard », tant s'en faut. Nous apprenons ici, encore un
peu à temps, que les auteurs font bien de ne pas annoncer
comme « prochaine » la publication de leurs ouvrages, s'ils ne
veulent pas rivaliser avec certains prédicateurs qui ont coutume
de dire qu'ils veulent attirer « un instant » votre attention religieuse lorsqu'ils commencent leurs plus longs sermons; ce qui
fait que, les prenant au mot, on ne leur accorde l'attention qu'un
instant. Arnaud ne prévoyait pas, au camp de Villefranche, que
le Duc de Savoie l'aurait encore exilé, et qu'il aurait eu de
grands voyages à faire, des collectes à provoquer, une colonie à

fonder, et à planter à Schönenberg les premiers mûriers et les premières pommes de terre qui devaient pousser sur le sol wurtembergeois, avant de pouvoir mettre la main à son histoire. Son expérience enseigne aussi que les livres doivent venir à leur place, non avant, mais après les devoirs ordinaires, oui, même après les pommes de terre, d'autant plus que, si le poète satirique dit vrai,

> Il fare un libro è meno che niente
> Se il libro fatto non rifà la gente.

Arnaud entreprit donc son livre plus tard qu'il ne l'avait d'abord pensé, et il consulta, pour l'écrire, les sources suivantes: les relations de Reynaudin et de Huc, une relation de Catinat, quelques lettres particulières et ses propres souvenirs. On prétend que le manuscrit original serait conservé à la Bibliothèque Royale de Berlin. Détrompez-vous. D'abord, il n'est pas de sa main; il s'agit d'un manuscrit dicté ou copié, qu'Arnaud a corrigé, par ci, par là, nous livrant ses caractères sur la marge. Ensuite, ce n'est qu'un fragment. Déjà incomplet, quand Muston en parlait, il est maintenant réduit à ne plus représenter que le premier chapitre et une partie du second. Allez vite à Berlin si vous voulez en voir encore la dernière page. Publiée l'an 1710, en deux tirages, dont le premier aurait été dédié à la reine Anne d'Angleterre, le second au Duc de Wurtemberg, l'*Histoire de la Glorieuse Rentrée* est maintenant entre les mains de tout le monde, grâce à la triple édition de MM. Attinger, Fick et Lantarêt. Il ne reste qu'à la relire.

Venons-en maintenant à ses lettres. On peut croire qu'il a dû en écrire, avec la singulière facilité de rédaction qui le caractérise, surtout si l'on pense qu'il a été Modérateur, soit aux Vallées, soit à la colonie de Würtemberg, et qu'il a voyagé et fait des collectes. Le temps viendra peut-être que l'on en découvrira un grand nombre. En attendant, livrons ce que nous avons.

Arnaud a inséré quatre de ses lettres dans son Histoire: ce sont les lettres à son beau frère Gautier, au Marquis de Parelle, au Chevalier De Vercellis et à Thormann, Bailli d'Aigle. La deuxième et la troisième portent une double signature : celle d'Arnaud et du major Odin. M. Klaiber en a trouvé six dans les archives de Stuttgart, et les a publiées dans l'Appendice de son ouvrage. Elles sont adressées au Duc de Wurtemberg, ou bien, une seulement, à un membre de son conseil privé. Elles n'ont pas un caractère privé et manquent de cette originalité qui éclate dans les premières et que nous retrouverons encore. Quelques rares citations empruntées par Mörikofer, dans son *Histoire des réfugiés de la Réforme en Suisse*, à des lettres d'Arnaud aperçues dans les archives de Zurich, nous ont mis sur la piste de nouvelles trouvailles, et nous en avons recueilli une trentaine, non comprises deux lettres à J. A. Turrettini, dont l'une a été publiée par M. E. de Budé, et l'autre, inédite jusqu'à ce jour, est chez M. le Comm. Jules Peyrot, notre député, qui nous a fait cadeau d'un fac-simile que l'on trouvera à la fin de ce petit volume. Le nombre des lettres d'Arnaud dépasse donc la quarantaine. Il ne s'agit pas de les reproduire *in extenso*, mais d'en signaler la date, le contenu etc., quitte à reproduire ce que nous trouverons de plus caractéristique et à ne rien laisser de côté qui soit à la fois important et inaccessible à la majorité de nos lecteurs.

Passons donc en revue les lettres d'Arnaud, d'après l'ordre chronologique.

1.   *A Monsieur de Villettes.*

De Stuttgart, 28 septembre 1688, à l'adresse de Mr. de Villettes, gentilhomme réfugié, « son plus fidelle ami à Zurich », pour l'informer que le Duc de Wurtemberg « refuse sa protection à cause des invasions des Français », que les Vaudois arrivent du Palatinat, chassés par eux, que, d'après une lettre, les Vaudois émigrés au Brandebourg sont mécontents; ensorte qu'il ne reste qu'à conjurer « au nom de Dieu » les Seigneurs de Zurich d'avoir pitié des pauvres Vaudois exilés et de leur permettre de s'arrêter en Suisse. Mr. de Villettes est invité à montrer sa letre même à la Diète Générale. *Arch. d'Estat de Zurich.*

2.   *A Monsieur Jaques Gautier.*

De la Balsille, sans date, mais de la fin de février ou commencement mars 1690, Arnaud répond à son beau frère qui lui avait écrit du fort de S. Marie de la Tour « pour voir si l'on pourroit avoir une fois quelque paix » et se plaignant d'être « tout

ruiné ». Il lui rappelle que « la plus belle occupation d'un homme
de bien et d'honneur » consiste à « travailler au bien public » et
que s'il y a guerre, ce n'est pas la faute de ceux qui ne de-
mandent qu'à vivre en paix dans le pays de leurs pères. V. l'*Hist.
de la Gl. Rentrée*, éd. Fick, p. 240.

3.   *Au Marquis de Parelle.*

De la Balsille, le 17 avril 1690, au nom du Conseil de Guerre,
en réponse à des propositions apportées par les sieurs Parander
et Richard. On y rappelle et constate le bon droit des Vaudois
comme loyaux sujets de S. A. R., à se rétablir dans le pays de
leurs pères. Signée aussi par le major Odin. *Ibid.*, p. 252.

4.   *Au Chevalier de Vercellis.*

Même date et par la même occasion, pour signifier encore, en
gros, la même chose et lui demander son appui. Signée aussi
par le major Odin. *Ibid.*, p. 255.

5.   *Au Bailli Thormann.*

De Turin, 5 juillet 1690. Arnaud avait quitté le Duc de Savoie,
qui se trouvait au camp à Moncalieri, pour aller à la rencontre
des Vaudois et autres réfugiés qui revenaient de l'exil par le
Milanais. La lettre est très personnelle, fort intéressante, mais
on ne la reproduit pas parce qu'on peut la voir *ibid.*, p. 341.

6.   *Sans adresse*, mais vraisemblablement à un monsieur ré-
          sidant à Zurich.

Du camp de Villefranche, 14 août 1690. Cette lettre commente
la Glorieuse Rentrée. Nous la reproduisons en entier.

« Monsieur,

J'ai reçeu la lettre en italien, que vous aués pris la pêne de
m'escrire. Je sçaj que vous aués pris beaucoup de part aux grandes desolations qui sont arriuées de la part de la France aux
Meres Eglises des vallées du piedmont ; mais ie sçaj aussy que
vous aures bien du plaisir de leur deliurance et de sçauoir les
miracles que Dieu a faits en leur faveur. Cette lettre n'en pourroit pas contenir qu'vne partie, et ie me reserue d'en faire voir
bien tost à toute la terre, non vn abregé seulement, mais l'histoire toute entiere. Cependant ie me remets au raport que vous
en fera Monsieur Cabrol, qui est venu des vallées, avec Monsieur

le Marquis de Parelle, et moy, que S. A. R. avoit demandé pour
luy aprendre ce qui s'estoit passé dans nos derniers combats. Re-
montons à la source et disons avec verité ce qui s'est passé de
plus considérable. Apres nôtre depart du bois de Nions, ou la
prouidence de Dieu nous fit trouver quatorze bateaux, au lieu
de quatre que nous avions seulement, nous traversames heureu-
sement la Savoye, apres quelques legers combats, notre marche
fût accompagnée de la pluye, presque nuit et jour, le peuple souf-
frit beaucoup par cette fatigue la faute d'auoir l'argent, qu'on
nous auoit promis avant notre depart. Cependant ie faisois marcher nuiet et jour, pour ne donner pas le temps à nos ennemis
de se fortifier et d'occuper les passages. Nous prenions pour os-
tage presque tous ces Messieurs de Sauoye, qui venojent nous
amuser en chemin et les faisions marcher avec nous. A Saleber-
tran nous commençames d'exercer nôtre courage. Les françois
qui gardojent le pont y furent bien estriles. On se prit par les
cheveux bien de fois et le sabre et la bajonnette nous servirent
bien dans cette occasion. Nous y perdîmes 22 de nos hommes,
et les ennemis en content passé trois cents. Mons.r de Larré qui
commandoit y fût blessé, il en porte encor le bras en escharpe.
Nous entrâmes le lendemain aus vallées. Les ennemis qui gardojent la montagne nommée le Col dal Pis où nous passames
s'enfuirent à notre aproche. Nous gagnames les vallées jusques
à Bobi et allames fondre au couvent du Villar; nous mimes le
feu aus maisons tout autour et obligeames les gens de guerre
qui etoient dans ce conuent assés fort, d'en sortir, avec perte
d'un Baron Chouater fort ajmé et fort regretté. La frayeur étoit
si grande en ce tems là que si nous avions poussé notre pointe,
nous serions allés par tout. Nous avons eu cent et cent combats
depuis, mais le plus terrible à esté le 2.d de May. Nous étions à
la Balsille où nous auons passé l'hyuer, lors qu'on nous entoura
de tous costés et qu'on publioit partout la fin des barbets, le
lendemain, apres l'attaque; mais graces au Dieu des armées,
l'ennemi fût battu et en haut et en bas, la terre couverte de
leurs morts, le Lieutenant Colonel du Regiment d'Artois fait prisonnier, et voici le miracle, nous n'eumes pas vn de mort ni
de blessé; quinze jours apres, les françois seuls nous attaquerent
avec le canon, qu'ils firent trainer à douze cents paysans, qui

leur seruoyent à tout, et apres nous auoir tiré cent et quatorze volées de canon, sans qu'aucun quittât son poste, apres auoir renuersé notre grand bastion et notre pallissade, sur le soir nous nous retirames en haut de la montagne, où l'on nous tira de tous costés plus de six mille coups de fusils, nous perdimes trois hommes et quatre qui resterent blessés. La nuit Dieu nous ouvrit vne porte et nous fit passes au milieu de leurs Cors de garde et de leurs feus, sans qu'ils s'en apperçeussent. La conduite d'un de nos Capitaines nommé Filippe Poulat fût admirable dans cette occasion. Je sçai que tout le monde dira, mais de quoy à peu subsister ce povre peuple pendant la rigeur de l'hyuer? Voicj mons.ʳ comment. Le blé etoit sur la plante, lors que nous entrames au pays; la neige vint au mois de Janvier qui le couvrit, nous croyons qu'il seroit tout germé, comme naturellement il le devoit estre; cependant en feurier un vent chaud fondit la neige, et nos poures soldats trouvoyent le blé aussi bon en ce tems là, que presentement qu'on le moissonne aus montagne. En auril nous auons encor moissonné l'orge qui s'est aussy conserué par miracle; notre moulin au dessous de nous a toujours tourné pour nous, graces soit rendues au grand Dieu des armées, qui a beni justement le nombre de Dauid a sauoir quatre cents ou environ, qui ont rejeté tant d'ennemis et si long tems, sans argent, sans chef et cerchans leur nourriture de tems en tems. C'est ici, mons.ʳ, où nous avons veu que c'est Dieu qui a fait toute nos affaires. A luy seul, seul en soit à jamais toute la gloire. Cela nous aprend que Dieu fait toujours de grandes choses par des petits instrumens, mais il faut agir de son costé, et Dieu benit le travail de les Enfans lors que leur querelle est juste, comme la nôtre. M.ʳ de Coches est dans les vallées avec son Regim.ᵗ Mons.ʳ Cabrol vous informera de tout ce qui se passe et de tout ce qu'il à veü. Les vallées sont nettes et libres des incendiaires françois, que Dieu poursuit en sa colere. C'est le tems de la retribution. Je vous remercie des soins de ma famille. Je vous prie qu'elle ne soit pas negligée. Je n'ai ni plume, ni papier qui vaille. Je ne puis escrire à ces Messieurs, qui souhaittent le retablissement du Regne du fils de Dieu. Je leur présente à tous mes respects, et surtout à Monsieur Echer, à Mons.ʳ le Directeur de la maison françoise et à Mons.ʳ de Miremar. J'en dis de meme à

Messieurs vos pasteurs et professeurs et les prie de prier Dieu, pour nous; je suis veritablement de tout le cœur, Monsieur, votre tres humble et tres obeissant Serviteur, Henry Arnaud pasteur vaudois. »

7.   *A monsieur Clingner, Antistès de Zurich.*

De La Tour, 1695, pour « verser dans son sein » les nouvelles des Vallées. Le Synode a eu lieu à la Tour, à la satisfaction générale. Le milord (Gallaway?) n'y assistait pas, « comme il fit depuis deux années et son Ministre et un ancien l'on fait l'année passée. Il restera icj cet hyver pour nous soutenir en bien d'affaires que nous avons avec la Cour de Turin. Cette cour, conduite par l'esprit de la propagation, est toujours la même à notre égard. S. A. R. nous promet tout et les Ministres n'exécutent jamais rien. Elle nous avoit promis d'entretenir quatre Compagnies de nos braves Vaudois: il y a six mois que ce n'est que paroles. C'est afin que nos soldats se dépitent et prennent parti qui dans la Cavalerie, qui dans l'Infanterie des Alliés... Le prêtre de ce lieu porte de temps en temps d'argent de Turin, pour acheter des fonds dans nos Vallées et en faire un bien d'Eglise... Enfin la beste est toujours la même. » Que nos amis tâchent de nous obtenir de bonnes conditions lorsqu'il s'agira de conclure la paix. Ici, les Réfugiés abondent; nous prévoyons une grande misère et aurions besoin de secours. « Vous verrez le fils de monsieur Jahier un de nos pasteurs, qui part de Lausanne pour aller occuper la place que L. L. Excellences de Zurich ont eu la charité de leur accorder. Je suis tout asseuré que vous serez et son père et son protecteur, afin qu'il soit un instrument en la main de Dieu pour l'œuvre à laquelle il est destiné. » *Archives d'Etat de Zurich.*

8. *Aux Seigneurs des Cantons Evangéliques.*

De la Tour, 2 novembre 1695. Cette lettre n'est pas de la main d'Arnaud, qui s'est borné à la signer avec ses collègues Dumas, modérateur, Papon, Meyer et Giraud. Elle informe que le fils de Malanot, pasteur, n'étant pas prêt à « remplir la place qu'il a plu à V. V. E. E. par un effect de leur charité envers nos Eglises d'assigner à un de nos Etudians dans leur Collége, » on recommande le fils du pasteur Jahier, récemment « promu aux leçons publiques par messieurs les professeurs de Lausanne ». *Ibid.*

9. *A Monsieur l'Envoyé Walkenier.*

De la Tour, 25 mars 1697, lors qu'Arnaud était Modérateur, sur l'état des Vallées et la nécessité de pourvoir aux droits des Vaudois dans les conditions de la paix à signer. «Le général de nos Vallées vit assez tranquillement et S. A. R. n'a pas voulu nous imposer aucune chose, quoy qu'elle aye esté sollicitée bien de fois. Tout le mal qu'on nous fait, c'est une guerre cachée et secrète: comme de marier nos pauvres enfans qui sont dans le Piémont (contre ce que porte notre rétablissement) en se rendant maîtres de leurs âmes, de leurs corps et de leurs biens; c'est en achetant couvertement des biens sous le prétexte de patrimoine; c'est en épouvantant ces pauvres gens qui avoient changé de religion pour les faire retourner à leur messe, ce que l'on doit faire scavoir à ceux que vous trouverez à propos. Et surtout faire cognoître à S. A. R. qu'il est bon pour ses intérests que la Vallée de Peyrouse se repeuple de ses anciens habitans Religionaires, qui sont les plus fideles et sur qu'on peut conter dans des occasions. C'est la France qui s'y oppose sous prétexte de Religion, afin de tenir ce passage libre pour les veues qu'elle a encor sur le Milanois. C'est le clergé qui s'y oppose pour n'agrandir pas l'hérésie, comme ils parlent, et ne fortifier pas le pays des Vaudois. Si ce Prince est prié et cognoissant les véritables intérests, nous espérons qu'il rétablira ce pauvre Peuple avec tous leurs privilèges. Vous scavés les miracles que Dieu a fait à nos anciennes Eglises et comme tous les vrais chrétiens ont à cœur leurs intérests, si cela se pouvoit faire que ce pauvre Peuple fut compris dans une Paix générale, ce seroit leur entière consolation. Il est vrai que S. A. R. nous aime beaucoup, mais nous regardons au temps à venir, lorsque les Estats sont conduits par des Princesses. Ayez la bonté de faire reflexion sur cet article, en cas qu'on traitât d'une Paix Générale. Selon mes faibles lumières ce n'est pas encore le temps de paix. La France auroit trop d'orgueil, et si on poursuit vivement la beste, on la lasse, on la prend et on la tue, afin qu'elle ne fasse plus de mal à aucun des alliés, ni à ceux qui ne le sont pas».

Nous n'avons là qu'un extrait de la lettre, dont l'original parait être à Berne, où Muston l'aurait aperçue. Il n'en cite que quelques mots, et encore assez arbitrairement. Nous avons cité ces lignes d'après une copie de cet extrait, aux *Archives d'Etat de Zurich.*

10. *Aux Seigneurs du Canton de Zurich,* ou bi en *des Cantons Evangéliques.*

De La Tour, 23 août 1697. Ecrite et signée par Arnaud « pasteur et modérateur », par Léger pasteur et adjoint, Dumas pasteur et D. Jordan pasteur et secrétaire du Synode, au nom de tous leurs collègues, dans le but de remercier pour des secours reçus pendant que l'on souffrait à cause de « la cherté des vivres et du retardement des pensions dont il plait à S. M. B. nous gratifier ». Ce retardement durait depuis deux ans.

11. Sans adresse explicite, mais vraisemblablement adressée à *M. l'Antistès de l'Eglise de Zurich.*

De La Tour, 30 janvier 1698. Nous n'avons pas ici le manuscrit original, mais une copie due à une main assez malheureuse. Le copiste n'ayant pas bien su lire, plus d'une erreur a pu se glisser dans sa reproduction que nous rendons telle que nous la trouvons ou à peu près. Voici cette intéressante lettre:

« Monseigneur, Quand le Renouveau de l'année ne nous engageroit pas indispensablement a renouveller nos obeissances à V. E. et nos prieres pour la prospérité pour une longue suitte d'années heureuses, et à implorer les plus Saintes Benedictions du Ciel sur sa personne et sur son glorieux Ministre, l'éstat auquel se trou- vent nos peuples et nous avec eux, nous oblige à verser dans le sein de V. E., avec une espèce de crainte, nos douleurs, sachant que V. E. prend beaucoup de part à tout ce qui touche l'Eglise de Dieu en general et qu'elle n'en prend pas moins à ce qui nous regarde en particulier; ayant un fonds de bonté et de charité pour nous. La paix de notre grand Prince avec la France nous avoit fait jouir de quelque calme apres tant d'orages et de tem- pestes qui nous avoient secoués, et nous esperions que la Paix Génerale nous mettroit dans un port à couvert de cette tempeste qui nous à commines depuis si long temps. « Cependant nous voyons, avec nos amys penetrés d'une très vive douleur, que le Seigneur semble avoir oublié la nacelle de son fils et qu'en don- nant la Paix à l'Europe nos penes ont arresté la Paix de Jeru- salem. V. E. est trop esclairée pour ne pas voir, qu'a raisonner

selon les hommes, il est impossible que nous soyons en repos
dans les Vallées, la Religion n'estant pas restablie dans la France,
et quoy que nous est arrivés nous avons subjet de craindre la
France et le Clergé qui ne nous aiment pas, et qui ne vou-
dront pas souffrir que nous tenions allumé le flambleau de
la verité dans un Pays où règne le Pape par l'Inquisition et
où nous sommes environnés de toutes parts d'ennemis puissans
qui nous en veulent. Il est mesme sûr que depuis quelques temps
nos voisins nous font cognoistre qu'on ne nous laissera pas long
temps en repos. Nous sommes asseuré que nostre Prince ne sçait
pas qu'on nous menace et nous n'osons pas ouvrir la bouche
pour parler. Cependant si ce qu'on nous dit sourdement estoit
vray, nous serions à plaindre, n'ayans pas un refuge en France
comme autre fois. Dieu veuille estre notre bouclier, consoler et
nous et nos peuples, qui sont accablés par les debtes, et arrerages
qu'il faut payer, par les imposts et par les tailles qu'ils nous
ont fait imposer depuis le trois d'octoble 1696, et par la seule
force qu'on nous veut obliger de prendre, nous ayant été signifié
depuis le 25 du courant de nous consigner petits et grands par
serment avec nos bestiaux, afin de scavoir la quantité de sel
qu'on doit nous donner, tous les accablemens après les fureurs
et les desolations d'une longue et d'une sanglante guerre (?) qui
estonnent extraordinairement nostre peuple et en mettent plus
que la moitié dans l'impuissance de les fournir. Nous craignons
mesme que . . . . qu'on donne a ceux qui changent de Religion
que sa *mujere non fale* tresbucher. Plusieurs pasteurs mesme ne
voyent pas comme ils pourront subsister dans les Vallées ou les
Eglises donnant tres peu et payant mal, et la petite pension qui
nous venoit d'Angleterre nous est deue depuis plus de deux
années. Il n'y a pas même d'apparence qu'elle vienne des long
temps, ayant esté mise sur des assignations qui n'echéent pas
encor. Si nous osions implorer les puissantes intercessions de V.
E. apres des LL. HH. pp. nous la prierions de nous procurer
quelques secours, aujourdhuy qu'elle jouissent de la paix, et pour
nostre sort, apres Dieu à qui nous le remettons, nous nous re-
posons sur les soins charitables des puissances protestantes les
supplians par les compassions du Seigneur de nous tirer de ce
pays, au cas que nous n'y puissions pas rester avec la liberté

de la Conscience et celle de servir à Dieu selon sa parole. Nous osons, Monseigneur, nous promettre de la charité de V. E. qu'elle fera sçavoir l'estat auquel nous sommes et ce que nous craignons là où elle le jugera a propos et qu'elle nous permettra d'estre toute nostre vie avec un tres profond respect.

De V. E. Monseigneur,

Les pasteurs et Anciens des Vallées de Piemont et pour tous avec charge moderateur

> Henri Arnaud, Pasteur
> David Leger, Pasteur et adjoint.
> Dumas, Pasteur Vaudois.
> Giraud, Pasteur Vaudois. »

12. *Aux Seigneurs des Cantons Evangéliques*, particulièrement *à ceux de Zurich*.

De La Tour, 31 janvier 1698, signée par Arnaud modérateur, Léger, Dumas et Giraud.

...Nous esperions qu'appres vne paix generale on verroit quelque restablissement, ou au moins quelqu'addoucissement dans l'Estat voisin pour ce qui concerne nostre Sainte Religion et ceux qui en font profession. Cependant nous apprenons auec vn regret indicible qu'on y renouuelle les insultes et les mauuais traitte-mens contre ceux qu'on ne croit pas estre asses attachés aux sentimens de l'Eglise Romaine, et qu'on accuse de n'en faire pas toutes les fonctions. Ce qui estant VV. EE. peuuent iuger ce que nous pouuons esperer dans le lieu ou nous sommes enuirones de tous costés des Puissances qui nous haissent mortellement. Et bien que nous soyons bien persuadés de la bonté de nostre Sou-uerain qui nous a souuent assurés de la continuation de sa pro-tection et bienueuillance, cependant nous sommes aussi assurés qu'il ne manquera pas d'estre sollicité et inportuné de tous costés a ne souffrir pas dans ce coin d'Italie vne poignée de gens, et que les Ecclesiastiques auec leur Chef, qui n'ont peu voir nostre restablissement qu'auec vne extreme indignation ne laisseront rien en arriere pour venir a bout de ce dessein, et c'est ce dont on parle desia ouuertement parmi nos compatriotes de contraire Religion, comme si nous deuions bientost estre les victimes de leur haine....

13. *A monsieur le Professeur Calendrini.*

De Turin, vendredi soir, 19|29 août 1698. Nous avons ici la copie d'un extrait d'une lettre d'Arnaud. Il est ainsi conçu :

« Je vous donne avis de cette ville de Turin, ou je suis presentement, que la première brigade de nos pauvres gens part demain samedi matin. Mr. Jordan pasteur la conduit. La 2e lundi 1er septembre par Mr. Papon. La 3e mercredi 3me dito par Mr. Dumas. La 4e vendredy apres par Mr. Montoux. La 5e lundi par Mr. Javel. La 6e par six chefs qui auront soin en chemin chacun de sa cinquantaine. La 7e par Mr. Giraud qui fera l'arriere garde en fermant ce pauvre Camp de 2300 personnes qui se jettent entre les bras du puissant d'Israel. On passera tous par la Savoye, parcequ'on y donne les estapes et on y doit donner quelques mulets aux plus misérable. » *(Arch. d'Etat de Zurich).*

14. *A ···, vraisemblablement à Zurich.*

Il s'agit d'une citation très courte, que nous n'avons pas encore vérifiée, mais qui doit appartenir à une lettre de la fin août ou commencement septembre 1698. La voici :

« C'est un bien grand tort de nous avoir osté l'estape sur le Mont-Cenis, après un ordre exprès du prince. On donne du pain aux chiens après qu'ils ont estez à la chasse, et nous, on nous chasse sans pain, après avoir bien servi. Mais les Messieurs de Genève nous consolent si fort par leurs logements, chariots, argents, qui va à la rencontre, que ces soins nous font avaler nos amertumes ». (V. Mörikofer, trad. Roux, p. 305.)

15. *Aux Cantons Evangéliques.*

Datée simplement septembre 1698. Il s'agit d'une « adresse » sans signature. Nous la reproduisons en entier :

« Arnaud, Dumas et Javel, pasteurs vaudois ayant charge des Eglises des Vallées, représentant très-humblement a VV. EE. que les dites Vallées, ayans obtenu par décret du Duc de Savoye la permission d'avoir des pasteurs pour remplir la place de ceux qui sont sortis, pourveu qu'ils ne fussent pas de la nation française et dont le nom, le lieu et les bonnes mœurs lui fussent notifiés, il seroit nécessaire que VV. EE. eussent la charité de leur en envoyer présentement trois. Et parce que les supplians avec leurs confrères ne sçavent pas encore de quelle manière ils seront establis avec leurs troupeaux qui aparemment ne seront pas en estat de leur fournir leur subsistance de quelque année laquelle ils seront obligés de solliciter puissamment auprès du Roy de la Grande Bretagne, ils osent espérer de la charité extraordinaire de VV. EE. qu'elles auront la bonté de fournir aux trois pasteurs qu'elles y envoyeront leur entretien pendant une année et les dits supliants continueront à présenter leurs prières à Dieu pour la santé et la prospérité de vos augustes personnes et de vos florissans Estats. *Ibid.*

16.   *Au Duc Eberhard Louis de Wurtemberg.*

Sans date ni signature, mais dans le style et de la main d'Arnaud, la lettre a été écrite, en tous cas, au mois d'octobre 1698, et adressée par Arnaud et les capitaines Jacob Pastre et Etienne Murat, au nom « d'environ trois mille personnes vaudoises » résidentes en Suisse pour l'établissement d'une colonie dans les Etats de ce Prince. (*Arch. de Stuttgart*, d'après Klaiber, p. 167).

17.   *A un membre du Conseil privé du Duc de Wurtemberg.*

Sans date ni signature, style et main d'Arnaud. Elle a été écrite en l'an 1698, en Suisse et probablement vers la fin d'octobre ou au commencement de novembre. On a appris avec joie, dit l'auteur, que la demande pour l'établissement de la colonie est entre les mains du Conseil privé ; on voudrait que l'attente, qui implique des frais, ne fut pas longue, et si l'on pouvait compter sur la charité du Conseil, on renoncerait à voyager en Hollande et en Angleterre. (*Ibid.*, d'après Klaiber, p. 168).

18.   *Aux Cantons Evangéliques.*

De Stuttgart, mardi matin 29 nov. 1698, de la main d'Arnaud, signé par lui et par le capitaine Pastre. Il expose que, après 43 jours d'attente, la réponse à la demande pour l'établissement est venue « hier au soir ». Elle est affirmative, mais elle présente des conditions « assez dures présentement ». Il faudra tâcher de les adoucir. Continuez-nous votre protection, « afin que ces Colonies subsistent, et qu'elles forment des Eglises Vaudoises en dépit du démon et de tous ceux qui soutiennent son empire ». (*Archives d'Etat de Zurich*).

19.　　　*Aux Cantons Evangéliques*, spécialement aux *Seigneurs de Zurich.*

De Francfort, 18|28 décembre 1698, de la main d'Arnaud, signée aussi par le pasteur Papon. On espère que LL. EE. auront reçu la lettre confiée au capitaine Muret. L'accueil du Prince de Darmstadt a été meilleure qu'à Stuttgart. «Nous partons encor ce matin pour Hanau, afin de voir encor d'y loger 40 ou 50 familles, et mercredi Dieu aydant nous prenons la route de Hollande et d'Angleterre pour presser les collectes, tant nécessaires, et la garantie que ces Souverains demandent. Que votre charité ne se lasse pas envers nous.» (*Arch. d'Etat de Zurich*).

20.　　　Vraisemblablement *à un Monsieur résident à Zurich.* De la Haye 29 janvier 1699. Nous n'avons ici qu'une copie.

« Monsieur, je pars à Midy pour la Briel pour passer en Angleterre avec le secours du vent du Seigneur, que nous attendons favorable. Nous nous sentons obligés de donner advis à V. E. de tout ce qui s'est passé à nostre égard, en vous apprennant, qu'après la Protection divine par tout notre voyage, LL. HH. PP. tousjours bonnes et tousjours extraordinairement charitables, ayant esté vivement touchées de notre triste Estat, elles ont bien voulu écrire des lettres au Roy de la Grande Bretaigne, à LL. EE. des Cantons Evangéliques, et à tous les Princes qui veuillent bien donner des retraittes aux Vaudois. Elles nous ont expédiés dans 9 jours, et ont témoigné d'agréer que ce Peuple se conserve dans l'Union et en Colonies dans le Wirtemberg, Darmstad, Homburg et Hanau, et Elles ont ordonné pour ne perdre point de tems, que Mons.r Papon s'en retourne en Allemagne, pour commencer à préparer les choses, afin qu'à la venue de nos gens, ils sachent ou donner de la tête. Il prendra des hommes avec luy qui sont à Francfort pour visiter encore les terres, et je crois qu'en attendant un Commissaire que LL. HH. PP. suspendent jusques à l'agreement de S. M. B., qu'on pourroit aussy renvoyer le Cap.ne Muret avec deux autres, pour marquer les endroits déjà visités, et selon le sort les distribüer aux familles. Vous scaves Monsieur, ce dont ils ont le plus besoin, comme d'un Commissaire de la part de LL. EE. des Cantons Evangéliques, d'une bonne Conduitte, d'un bon Ordre et que ceux qui sont propres aux vignes et à la terre y soyent employés, et les autres selon leur industrie placés ou le Seigneur les voudra adresser, et sur tout vous estes tres humblement supplié, qu'on leur donne un honneste viatique afin de pouvoir vivoter, et commencer à cultiver les terres. J'écris ce mot avec presse etc, Et suis etc. H. Arnaud, Past: Vaudois. »

P. S. Nous n'ecrivons point à LL. EE. puisque nous ne pourrions dire que la méme chose. Vous estes prié de dire à nos gens qu'ils ne partent point qu'ils n'ayent des advis de Mons.ᵣ Papon. (*Arch. d'Etat de Zurich*).

21.   *Au Duc de Wurtemberg.*

De Londres 12|22 février 1699. Arnaud exprime sa reconnaissance à S. A. pour l'intérêt qu'elle témoigne aux colons Vaudois; il lui donne de bonnes nouvelles sur la réussite de l'entreprise à Londres et la prié de continuer sa sympathie. (*Arch de Stuttgart*, d'après Klaiber, p, 169).

22.   *Au même.*

Requête présentée le 29 septembre 1699, par laquelle Arnaud demande à S. A. S. au nom des cinq colonies « qu'un de ses greniers soit ouvert jusques à la moisson pour que les susdites colonies y puissent achepter le blé ». (*Ibid.*, d'après Klaiber, p. 172).

23.   *A monsieur Escher bourgmestre de Zurich.*

Mönikofer qui mentionne cette lettre, nous apprend qu'elle est destinée à M. Escher. Elle est datée de Dürrmenz, 1 décembre 1699. La main n'est pas d'Arnaud, mais c'est bien son style et sa signature. Nous la reproduisons en entier; il en vaut la peine.

« Monseigneur, Votre Excellence qui dans toutes les occasions s'est si fort distinguée pour les affaires des Refugiés, et sur tout pour les pauures vaudois, sera bien aise de sçauoir presentement leur Etat dans la Duché de Wirtemberg, ou la main du Seigneur les a uoulu conduire, en sortant du païs de Suisse. Ils sont passé deux mille, etablis en cinq Eglises (sans conter celle de Cokseim, ou est le S.ᵣ Faucher,) qui ont toutes leurs pasteurs et anciens.

Nous auons prêté le serment de fidélité à S. A. S. notre Souvé-
rain et bon Prince, qui à prêté du blé à nos colonies pour semer, et qui a donné vne colline à la notre, où nous auons déià
planté deux mille deux cents et quinze meuriers, qui dans quelques années pourroient être d'un grand profit au païs, où nous
trouvons bon air, bon bois, bonne terre et bonnes eaux. Il est
vrai, Monseigneur, que notre peuple aura beaucoup de peine,
pour la première année, car on nous donne des terres qu'il faut
défricher, des buissons et des arbres qu'il faut arracher et des
grosses souches qu'il faut tirer, mais Dieu benissant le grain, qui
est enterre, il donnera du pain à celui qui l'a semée, et nos ennemis auront la confusion de vous uoir établis, avec plus de repos
que nous n'auons jamais eu sous la domination des princes papistes, qui tremblent par tout que la reunion des Lutheriens
avec nous ne se fasse. J'oze supplier Vre Ex.ce et solliciter sa
charité, afin que cette grande œuvre s'acheve. L'empire du Demon en seroit ébranlé et celui du Papisme. Je crois que ce sera
la gloire de S. M. B., de S. M. Suedoise et de Monseigneur l'E-
lecteur de Brandebourg, sans y mêler des Docteurs en disputes,
qui ne font jamais un vrai chretien. Je dis ceci à V. Ex.ce parceque nous remarquons qu'on commence à nous aimer partout,
soit à la cour, soit les ministres mêmes, soit le peuple qui croi-
oit que notre ancienne Religion auoit des differences infinies de
la leur. Je les trouue fort raisonnables sur les principes du chris-
tianisme, hormis le Sacré jour du Seigneur, que le peuple n'ob-
serue pas si religieusement comme les premiers chretiens et les
fideles d'Angleterre, où i'ai demeuré pour nos collectes, et pour
vaquer aux affaires de mes freres, pendant six mois de suite.
J'ai eu l'honneur de parler quatre fois à S. M. et aux Archeue-
ques et Eueques, comme aussi aux Eminentes personnes de ce
florissant Royaume, qui ont pris le nom de mes six Enfans, et
de mes deux petits fils, l'Eueque de Londres aiant la bonté
d'entretenir mon aîné à Chelsey prés de Londres, pour me donner quelque consolation après tant de courses, tant de fatigues,
et tant de perils dangereux, par où i'ai passé pendant plusieurs
années, pour ramener mes freres dans leurs heritages, faire fleu-
rir la Religion, et les defendre pendant mon séjour contre tous
leurs ennemis. J'espère, Monseigneur, de cette bonté singuliere

dont V. Ex.ce m'a toûjours honnoré, qu'il voudra bien que mon second filz Jean Vincentz soit une plante éleuée dans leur Republique, et entretenue par LL. EE. les Seigneurs des Cantons Euangeliques, comme ils ont eu la charité de le faire depuis passé une année, afin que cet enfant apprenne l'allemand et le latin chez monsieur Zeiler, qui en prend un grand soin, et peut-etre seroit il vn jour instrument en la main du Seigneur pour auancer son œuure, soit ici en ma vieillesse, ou aux vallées d'où il est originaire. Je suis tout penetré que V. Ex,ce ne me refusera pas cette consolation dans mon banissement et dans mon pauure état. Je dis pauure contre l'opinion de bien de gens, qui croient que l'Hollande et l'Angleterre m'ont enrichi, mais ie puis dire, auec la verité toute pure, que nous n'avons obligation d'un verre d'eau froide à aucun grand d'Angleterre, si non au Roy seulement qui nous fit donner cent piéces et les Etats Generaux deux centz francs, en passant. Voila Monseigneur mes grandes richesses, apres vn voiage de dix mois, prés de cent ecus que me coutera ma terre à defricher et à labourer, sans comter que ie vis encore au logis, en attendant de jour en jour ma famille, et qu'il faudra faire bâtir à mes frais vn peu de maison, pour ne rouler plus, notre prince ne faisant aucune auance. C'est la grace que ie prends la liberté de demander a LL. EE. et à vôtre charité surtout, afin que cet enfant ne perde pas son tems, comme il fairoit ici, et que son pere en soit consolé, qui prie le Pere de Misericorde qu'il couronne la blanche viellesse de V. Ex.ce, conserue la paix et l'Euangile à leur Glorieuse et florissante Republique, et benisse du ciel et de la terre son Illustre et S.te famille comme le demande au Seigneur, celui qui est auec des grandes obligations et auec profond respet de V. Ex.ce, Monsieur, votre très humble et tres obeissant Seruiteur Henry Arnaud, pasteur Vaudois ». (*Archives d'Etat de Zurich*).

24.   *Au Duc de Wurtemberg.*

Sans date, mais en tous cas de la fin de 1699. Arnaud demande, au nom de la colonie de Dürrmenz, « une vieille masure pleine de buissons et d'arbres », à deux cents pas de Dürrmenz, pour y abriter quelques pauvres colons. (*Arch. de Stuttgart*, d'après Klaiber, p. 175.

25. *Aux Seigneurs des Cantons Evangéliques.*

De Dürrmenz, 29 septembre 1703. De la main d'un certain Avieny, mais la signature d'Arnaud est de lui-même. La lettre porte en outre les signatures de «Bilbert ancien et diacre, Jaques Pastre conselier, Simond sindiq, Hymar conselier, Avieny secrétaire». On expose que, en temps ordinaire, on n'a pas provoqué de collectes, mais que la grêle ayant dévasté la colonie, on est forcé de recourir à la charité des Cantons. En effet, la colonie de Dürrmenz «se trouve dans un estat le plus déplorable qu'on se puisse imaginer, se trouvant privée de tous leurs blés, avoines et autres légumes par le fléau de la gresle quy a este sy furieuse le trentième juillet qu'elle leur a tué jusques à cinquante et quatre chèvres qui faisoyent la subsistance de leurs familles, ce qui a reduit trois cent cinquante personnes dans la dernière misère». Il est vrai que le Duc, notre souverain, a prêté du blé pour semer les terres, mais c'est tout, et qu'est ce que cela pour subvenir à tant de misère? (*Arch. d'Etat de Zurich*).

26.   *A ** à Zurich.*

Mörikofer cite un fragment de cette lettre, qu'il dit adressée par Arnaud à Zurich l'an 1703 (pag. 313). Klaiber, qui reproduit la citation d'après Mörikofer, dit que la lettre est adressée à Escher. Il est probable; mais Klaiber n'a pas la preuve (p. 88). Voici ce fragment: «Ils (les colons vaudois) n'oublieront point qu'après les avoir tirés de la chaîne, vous les aves receus dans votre ville, ou plutôt dans vos entrailles; que vous avés visité leurs malades, vestu ceux d'entre eux qui étoient nus, consolé les affligés, supporté leurs défauts et fait prêcher la parole de Dieu en français et en italien.» (V. Mörikofer, l. c.)

27.   *Au Duc de Wurtemberg.*

De Stuttgart, 12 janvier 1704; signé par Henri Arnaud, le pasteur Giraud et le capitaine Daniel Grizel, en leur qualité de «députés,» pour informer S. A. que Arnaud se trouvant «ces jours passés» à Francfort, il y apprit des envoyés de la reine d'Angleterre que «leurs maistres souhaiterayent qu'il allast quelques jeunes hommes de nos colonies en Piedmont pour la cause commune sous le bon plaisir de V. A. S. et sans porter de préjudice aux colonies. » On soumet ce projet à S. A. (*Arch. de Stuttgart,* d'après Klaiber, p. 176).

28.   *Aux Cantons Evangéliques.*

De Dürrmenz, 16 octobre 1707. Arnaud représente à LL. EE. les ravages des « troupes amies et ennemies » qui ont « passé par trois fois » à la colonie, et demande du secours. (*Arch. d'Etat de Zurich*).

29.   *A Monsieur Caumon sindic.*

De Cheneberg (pour Schönenberg) vendredi 28 octobre 1707. Arnaud répond, dans ce billet, à deux lettres de ce syndic, qui lui faisait des difficultés au sujet de son bois et sur les affaires de la colonie. Il avait dit que « sans le mal de sa jambe, » il aurait été lui parler; puis, déjà le lendemain, il se plaignait de n'avoir pas de réponse à ses taquineries. Ce Caumon fut un des principaux aristarques d'Arnaud, au sujet de ses collectes, de sa prédication etc. Voici le billet d'Arnaud:

« Monsieur, je n'ai pas répondu a la lettre precedente parcequ'une lettre ne peut pas suflire, et si votre jambe vous avoit peu porter au temple dimanche nous en aurions parlé comme la colonie s'y attendoit. Cette lettre a plusieurs articles auxquels il faut répondre en assemblant toute la colonie apres demain, si elle me doit ou bois ou louage du temple que je fais bastir à mes dépenses. Des juges équitables me fairont payer. Je dois ce qu'on ne m'a jamais payé; je le payerai de mesme. Jamais personne n'a couru aux puissances contre moy avec raison, et ma conscience n'a jamais fait tort à personne d'un cheveu de teste, ce qui m'oblige d'estre à tout le troupeau et à tout le monde et à vous, tres humble et très affectionné serviteur etc. » (*Archives d'Etat de Zurich*).

30.   *Aux Seigneurs de la République et premier Canton de Zurich.*

De Dürrmenz, 1 septembre 1710. Ce n'est pas la main d'Arnaud, mais sa signature est bien authentique. Elle est suivie de celles des pasteurs Giraud et Jean Olivier, de A. Centurier syndic à Dürrmenz et Jacques Gallet syndic de Pinache. On y expose les dommages et privations causés par « l'invasion de l'armée française, la piraterie des paysans de l'Alsace » etc., et l'on demande des secours. *(Arch. d'Etat de Zurich)*.

31. *A un Monsieur de Zurich,* probablement *à Gostweiler secrétaire de la ville.*

Il ne s'agit ici que de deux lignes ajoutées à une lettre du pasteur Giraud. Celui-ci demande du secours pour lui-même et sa communauté de Pinache, et dit : « J'ose me flatter que LL. EE. y auront de l'esgard, et que vous avez la bonté d'y joindre vos charitables intercessions et pour monsieur Arnaud et pour moy, qui avons tout perdu et qui avons des nombreuses familles. » Arnaud se borne à dire qu'il n'a pas reçu de lettres, mais qu'il ne laisse pas d'avoir de l'obligation pour les soins qu'on veut bien prendre pour les pauvres. *(Arch. d'Etat de Zurich)*.

32. *A monsieur Gostweiler secrétaire de la ville et Canton de Zurich.*

De Dürrmenz, 1 décembre 1710, de la main d'Arnaud, avec sa signature et celle du pasteur Giraud. Il s'agit de quelques lignes seulement, destinées à recommander une précédente requête en faveur de trois colonies, plus endommagées que d'autres. *(Arc. d'Etat de Zurich.)*

33. *Aux Seigneurs du Canton de Zurich).*

De Dürrmenz, 26 octobre 1712, écrite par Arnaud en faveur de son fils Jean Vincent qui se rend aux Vallées Vaudoises, après avoir achevé ses études en Suisse. « Voilà encor une lampe, en mon nom, qui va occuper une Eglise dans les Vallées, où Dieu a allumé son chandelier de tems immémorial. Mais comme il y a des gens qui par envie et jalousie oublient les petits soins de Joseph, je prends la liberté de supplier VV. EE. de l'honorer d'une de leurs lettres pour les Directeurs des Eglises, afin qu'on le regarde, non seu lement comme un naturel Vaudois, mais comme un de leurs enfans, qui a esté eslevé pendant passé dix années dans un de leurs colleges, mais qui a esté reçeu au St. Ministère, grace qu'on n'avait jamais accordée à aucun autre. » Ensuite, il recommande un de ses petits fils (Henri Scipion Rostan, qui a « un bon naturel, et qui meme dans son age tendre souhaite d'estre pasteur comme son oncle dans les Vallées. » Sa mère « mariée aux Vallées et neuf enfans. » *(Arch. d'Etat de Zurich.)*

34.   *Aux Seigneurs de Zurich.*

De Dürrmenz, 14 juillet 1715. Arnaud exprime d'abord sa reconnaissance pour la faveur dont son fils Vincent, maintenant pasteur aux Vallées, a été l'objet, et demande qu'on reçoive « mon petit fils Scypion Roustan vaudois naturel, comme VV. EE. avoyent reçeu son oncle Jean Vincent, afin qu'estant entre les mains de si bons patrons et pères, il puisse un jour estre une lampe en Israel, pour occuper une Eglise dans sa patrie. Ce jeune homme de petite stature, comme Zachée, a déjà les principes de de la langue latine, qu'il avoit appris ches le ministre alemand à Dürrmenz » etc. *(Arch. d'Etat de Zurich.)*

35.   *Probablement à monsieur J. H. Rahm secrétaire de la Chambre des Vaudois à Zurich.*

De Dürrmenz, 12 août 1715. Encore pour recommander « ce petit Scypion », afin qu'apprenant l'allemand, il puisse à l'occasion prêcher aussi en cette langue « en cas de malheur dans les Vallées, puisqu'il n'y a ny foy ny fiat parmi les princes papistes.» *(Arch. d'Etat de Zurich.)*

36.   *Aux Cantons Evangéliques.*

De Dürrmenz, 22 février 1716. La lettre commence : « C'est Dieu luy meme qui nous apprend que la plus grande des vertus chretiennes c'est la charité », et après avoir touché au « second fils Jean Vincent qui occupe avec honneur le poste de l'Eglise d'Angrogne », elle propose que LL. EE. reçvoient « entre leurs bras mon petit fils Scypion vaudois naturel, afin qu'il soit aussi dans son tems une lampe dans sa patrie », et cela, au nom d'un pasteur qui à bientôt cinquante ans de ministère, « mais qui peut dire qu'il en a eu cent de risque et de fatigues ». *(Arch. d'Etat de Zurich).*

37.   *A monsieur Holzhalb chancelier à Zurich.*

De Dürrmenz, 3 avril 1718, pour demander qu'on ajoute, à la nourriture, l'habillement, au bénéfice du jeune Rostan. « Je vous assure, Monsieur, que dans l'estat où je me trouve, je ne puis envoyer aucune chose à mon petits fils, ayant son frère et sa sœur chez moy, me trouvant vieux et depuis quatre années sans la pension d'Angleterre, quoy que nous y ayons un ministre député depuis neuf mois, qui n'a encor que des belles paroles comme les grands d'aujourd'hui... Vous voyes, Monsieur, qu'il ne s'agit que de donner un bouton et une goute d'eau, et que la main charitable qui donne le plus voudra bien faire le moins ». *(Arch. d'Etat de Zurich).*

38.   *Aux Seigneurs du Canton de Zurich,* peut-être non exclusivement.

De Dürrmenz, 4 avril 1718. Même objet que la précédente, en faveur de « mon petit-fils Henri Scypion jouissant à Lausanne presentement de la pension de VV. EE. .... logé chez le ministre Mingard,... d'autant plus que la pension d'Angleterre, qui estoit notre entretien, nous manque depuis quatre années, les Eglises ne nous fournissant que le louage d'une maison et le bois de notre chaufage, et notre Prince peu de chose ». *(Arch. d'Etat de Zurich).*

39.   *A monsieur J. H. Rahm.*

De Dürrmenz, 12 décembre 1718, en réponse à une lettre de Rahm qui demandait des éclaircissements. Arnaud rapporte que Giraud pasteur de Pinache dans une « misérable grange », et que le secours serait opportun ; que « tous ceux du Serre et la plus grande part de ceux de Pinache avoyent formé le dessein d'aller à l'autre monde, et dernièrement en Prusse », mais que S. A. a examiné l'affaire et défendu de sortir, « de sorte que ce beau et extravagant dessein s'en est allé en fumée avec tous ceux qui les conduysoyent. » Il remercie pour la faveur dont ses fils et petit-fils ont été l'objet, présente ses souhaits, puis dans un post-scriptum déclare avoir reçu de S. A. de Cassel 150 florins d'Empire, que l'on emploie à la bâtisse d'un temple à notre « colonie » ; mais il y faudrait joindre encore 100 florins. *(Arch. d'Etat de Zurich.*

40.   *Au même.*

De Cheneberg (c. a. d. Schönenberg), 28 mai 1719, envoyée le 16 Juin. La reine Marie d'Angleterre avait laissé un legs 1200 liv.

sterlines pour la bâtisse de 12 temples. Ce fonds ne fut pas appliqué selon sa volonté ; de là des murmures. Caumon médecin et pharmacien à Dürrmenz en écrivit à Zurich le 7 mai, accusant Arnaud, appuyé de 21 autres signataires. Alors Rahm, secrétaire pour les Vaudois, à Zurich, demanda des éclaircissements à Arnaud, et voici la réponse :

« Mônsieur, c'est auec vne extreme joye et vn honneur singulier qui ie reçois votre lettre le 25 du mois de May. Vous me demandés vn éclaircissement sur les douze cent pieces sterl. que la feüe Reyne Marie de glorieuse memoire auoit eu la charité de donner pour la batisse de douze temples dans le Virtemberg et autour de Francfort. Voici au vrai et au juste ce que ces 1200 pieces Sterl. sont deuenues. Le nommé Monsieur d'Ervald Refugié les avoit reçeues ; il s'est emancipé d'en enuoyer deus cents, en Brandebourg, à des poures Refugiés, comme il nous le dit par ses lettres, et comme nous lui demandions les mille qu'il auoit entre ses mains, il nous à repondu, que nous ne deuions pas bastir des temples, en tems de guerre ; mais comme il reçeuoit lettre sur lettre de notre part, par je ne scai quelle raison, il remit ces mille pièces au Thresor du Roy, et ces mille pièces ont eu cette destination contraire à la premiere ; c'est que Messieurs Hill, Chatüoin, et Robethon, en ont enuoyé deus cent florins aux Vallées du Piedmont, pour donner à douze Ministres y qui sont, deus cents à chacun (?) ; ils en ont encore enuoyé, à trois ministres à l'entour de Frankfort, sauoir Messieurs Jordan, Moutoux et Papon ; et à nous quatre pensionnes d'Angleterre ,sauoir Giraud, Zauel, Arnaud le fils et moy, à chacun deus cent florins, et aus Maistres d'Escole, passé cinquante chacun. Ces Meistres d'escole sont sept pensionnes d'Angleterre. Voilà, dans la pure verité ce que ces mille pieces, sont deuenües. Il faut remarquer, Monsieur, que l'on deuoit les arrerages dépuis trois ans passés, et l'on nous à consoles de deus cent florins chacun, et le reste à esté absolument perdu ! Nous sommes maintenant en arriere depuis cinq ans, mais on nous fait esperer que le Roy à eu la bonté et la charité de fixer nos pensions, en commençant au mois de mars ; on les à reduites à cent vingt et neuf florins chaque Ministre, au lieu que nous en auions deus cents.......

Monsieur, votre tres humble, tres
obeissant et très oblige serviteur,
Henri Arnaud pasteur Vaudois ».
(*Ach. d'Etat de Zurich*).

41. *A. messieurs les pasteurs et professeurs de l'Eglise et de l'Académie de Genève,*

De Pinache, 1 mars 1720; copie signée par les pasteurs Arnaud et Giraud. L'accusation de ce Caumon s'était répandue, au grand chagrin d'Arnaud et de son collègue Giraud qu'elle concernait pareillement. Mr. Turrettini de Genève s'en était occupé, et avait écrit, en date de cette ville, 26 janvier 1720, une lettre probablement adressée à l'Antistès de Zurich, ainsi conçue:

«Monsieur, je reçus l'ordinaire dernier la lettre que vous me fites l'honneur de m'ecrire, du 13e de ce mois, à laquelle etoit joint le memoire du nommé Caumont, semblable à celui qu'il nous enuoya il y a quelques mois, et je reçois dans ce moment votre lettre du 23 avec les nouueaux ecrits concernant la Deputation de cet homme. L'obstination de ce personnage et de ses consors, à accuser leurs Pasteurs d'un crime d'ont ils sont entiérement innocens, malgré toutes les exhortations que nous leur avons faites et tous les eclaixissement, que nous leurs auons donnes, est quelque chose d'incomprehensible. Tout nouvellement, Monsieur le Marquis de Quesne a trouue entre ses papiers l'original d'une lettre qu'il reçut le 25 7bre 1716 de Monsieur de Robethon Conséiller priué de sa Majesté Britannique pour les affaires d'Allemagne, jointe a un billet que le dit M.r de Robethon auoit reçu de Mons. Chetwin cideuant Enuoyé d'Angleterre à Turin. Les quelles pieces éclaircissent parfaitement cette affaire et mettent en evidence la fausseté de l'accusation intentée contre Mess.rs Arnaud et Giraud Ministre. Notre Compagnie m'a chargé, Monsieur, d'en faire tenir une copie à LL. EE. collationnée par le Moderateur et le Secretaire de notre corps, qui y ont apposé leur seing, et l'ont scellée. Nous en allons enuoyer vne copie semblable aux Eglises Vaudoises du Wirtemberg, et vne autre à Mons.r Arnaud, afin qu'il s'en serue où-besoin sera, pour justifier son innocence. A l'egard des autres choses alleguées dans le mémoire du nommé Caumont, contre Mr Arnaud, nous n'en sommes point informez. Mais nous croyons M.^r le Ministre Arnaud incapable de pareils excés et supposé qu'il y eut eu quelque chose de semblable, nous sommes persuades que le Synode de ces Eglises là n'auroit pas manqué d'y mettre ordre. D'ailleurs le nommé Caumont etant capable d'insister auec tant de chaleur sur une accusation aussi fausse, que celle qui regarde cet argent, et paroissant ennemi personnel de Mr Arnaud, nous ne croyons pas qu'ón doiue ajouter foi à ce qu'il auance. En échange, Messieur Arnaud et Giraud, dans la réponse qu'ils nous ont faite, nous dépeignent le dit Caumont comme un homme scandaleux, qui ayant été censuré de ses excès s'est abstenu depuis trois ou quatre ans de fréquenter les prédications. Cependaut, tel qu'il est, il paroit qu'il a du credit parmi les Vaudois, et même qu'il a quelqu'appuï dans la Cour du Duc de Wirtemberg etc. Monsieur,

Votre tres humble et
très-obeissant serviteur
Turrettin. »

Aprés cette lettre on comprendra la suivante, qui est la dernière que nous ayons à enrégistrer sous le nom de Henri Arnaud parce qu'il l'a signée avec son collègue, qui, à en juger par le style, nous parait être le rédacteur. Il est pénible qu'une telle lettre doive clore la série, mais celle-ci est si précieuse et si instructive, que nous nous faisons un devoir de la reproduire intégralement.

« Messieurs, nos tres honorés Freres au Seigneur, vous auries un legitime sujet de nous appeller des ingrats, si nous avions oublié les trés étroites obligations pour lesquelles nous vous sommes si redevables, d'avoir voulu charitablement prendre la peine d'examiner si nous étions coupables de la calomnie la plus atroce et la plus fausse que le Demon ait jamais mis au cœur du plus scelerat de tous les hommes, et qui nous auroit été inconnue, si votre venerable Corps, animé d'un grand zéle pour la gloire de Dieu et d'une charité extraordinaire à soutenir l'honneur de deux vieux Ministres, âges chacun d'environ quatre-vingts ans. L'un est asses connu pour avoir travaillé avec la benediction de

Dieu à rétablir le sacré chandelier du S. Evangile aux Vallées de Piémont, que la brutale fureur de la persecution en avoit ôté en l'année 1686, et l'autre par les prisons du Duc de Savoye et par les cachots de passé quatre années, où la puissance victorieuse de la Grace l'a toujours soutenu. Et après cela, aurions nous été si miserables d'abandonner Dieu et de renoncer au salut à la porte du tombeau? Il faudroit que nous eussions voulu nous jetter, non pas seulement dans les bras de la mort éternelle, mais encore que nous eussions eû le jugement égaré, et la raison entièrement renversée pour commettre un crime si noir, qui nous auroit été impossible de tenir cachés. Aurions nous voulu passer pour des abominables et des infames sacrilèges, et laisser après nous une tache si odieuse à nos enfans? .... Aurions nous perdu volontairement nos biens legitimement aquis pour mettre un execrable interdit et sur nos ames et dans nos maisons, renoncér au bout de la course à une couronne imperissable pour des biens perissables et de peu de valeur? Cependant si Dieu nous avoit retires avant que nôtre innocence fut recognûe et avant que vôtre incomparable charité eût decouvert la fausseté de l'accusation de Caumon et de ses adherans, nous serions entres dans le tombeau avec cette noire flétrissure... Nous prechons à une peuple accoutumé au libertinage et à la pillerie, lequel a trés-peu à cœur la Religion, du moins la plûpart.

Vos très-humbles, tres obéissants et très-obliges serviteurs

Arnaud Past. V.

Giraud   P. V. »

Ajoutons ici les lignes suivantes empruntées à un mémoire du à la plume de Mr. de Robsthon conseiller privé de S. M. B. pour les affaires d'Allemagne. Après avoir fait le compte de la répartition des dites mille livres sterlines, il dit: « L'argent ayant été ainsi distribué, il est fort étonnant qu'on ose calomnier MM. Arnaud et Giraud, deux vieux et dignes pasteurs, comme s'ils l'avoient retenu pour leur propre usage, n'en ayant eu que leur portion comme les autres. On parle d'envoyer ici des députez pour chercher cette somme. Il est aisé de voir qu'ils y seront très mal reçus ». Ces lignes sont datées de Londres, 25 mars 1720. Cinq mois et quelques jours après, Henri Arnaud entrait dans son repos.

Lettre de Henry Arnaud, écrite à La Tour le 17 mai 1694 à midi et adressée à Mr Turretini, à Genève, lui annonçant le nouvel édit de rétablissement des Vaudois, qui ne fut publié que six jours après, soit le 23 mai 1694.

Monsieur Mon Très honoré Frere,

Je sçay que vous prenés beaucoup de part aux affaires de nos vallées, & tous les ans qu'il y à quelque chose de l'avancement du Regne du fils de Dieu, Je profite de La commodité de Mess.rs Boneaud marchand à La Tour, pour vous donner avis, que S. A. R. à eu la bonté de remettre, ces pauvres gens, de La vallée de La perouse, dans leurs biens & maisons, avec les Libertés dont leurs Ancestres jouissoyent, avant que Pragelas fut sous la domination de France; nos deputés pour cela, arriveront ce soir, & Je vous l'écris à midi, vendredi 17. de may, affin que vous en fassiés part à qui vous jugerés à propos: Nous avons demandé à nôtre Prince beaucoup d'autres choses, qui nous ont esté aussi accordées; tout cela nous fait entrevoir que nos affaires prennent le bon ply par tout, & que Dieu preside sur tous les évenemens, qui arrivent dans ce monde affin que nous voyons sa main, travailler pour le bien de son Eglise:

Ma femme offre à Mad.e vôtre mere ses respects, avec toute nôtre famille; vos Messieurs professeurs trouveront icy L'assurance sincere des miens, & vous asseure amitié toute épurée; priant le Dieu des cieux pour tout ce qui vous est cher pour cette vie & pour sa gloire restant avec estime & de tout le Coeur

Monsieur &c.

Vôtre très humble & très obeissant serviteur
H. Arnaud pasteur vaudois.

ERRATA-CORRIGE

Pag. 18, ult. linea: *celle fois* au lieu de *celle foi*.
» 29-31: *calendrier* au lieu de *calendaire*.
» 30, l. 13: *n'étaient* au lieu de *d'étaient*.
» 31, l. 4: *au Samedi* au lieu de *au Vendredi*.
» 47, l. 10: *violés* au lieu de *vidés*.
» 48, l. 1: *Ici commence* au lieu de *J'ai commencé*.
» 49, l. 23: *Ce même jour* au lieu de *Une autre fois*.
» 50, l. 30: *MM. Jules, Arthur, et Albert Peyrot* au lieu de *MM. Jules et Arthur Peyrot*.

N.B. Mr. l'avocat D. Perrero vient de publier un petit volume sur le *Rimpatrio*. Il y répète l'erreur déjà faite dans la *Rassegna Settimanale*, et signalée à p. 28. Cf. mon Arnaud italien, p. 61. On remarquera que Mr. Perrero accuse Arnaud de s'être fait la part du lion dans la Rentrée, mais il y montre plus de bonne intention que de raisons. Avant de juger ainsi, il devait se mettre mieux au courant de la question. Nous n'avons rien à lui répondre outre ce qu'on a lu ici même p. 33-37. Comparez mon Arnaud italien, p. 77-82.

www.ingramcontent.com/pod-product-compliance
Lightning Source LLC
Chambersburg PA
CBHW071326030726
47594CB00002B/550